ibo Schriftenreihe

Organisation

Band 6

ibo Schriftenreihe

Band 6

Norman Ciezki · Walter Paulsen

Techniken der Präsentation

7. vollständig überarbeitete Auflage

Verlag Dr. Götz Schmidt, Gießen

ISBN 978-3-921313-879

Vorwort zur 7. Auflage

Dieses Buch knüpft an die früheren Auflagen in dieser Schriftenreihe zum Thema „Techniken der Präsentation" an, wählt jedoch einen völlig neuen Ansatz, um den Stoff zu vermitteln.

Einerseits wird der „Präsentationswürfel" eingeführt, der nicht nur die verschiedenen Dimensionen einer Präsentation abbildet, sondern auch den Aufbau und die Struktur für dieses Buch vorgibt.

Andererseits wurden die verschiedenen Kapitel dieses Werks in eine fiktive Rahmenhandlung eingebettet. Auch wenn die in den Geschichten auftretenden Personen frei erfunden sind, so entspringen ihre Erlebnisse und die dort geschilderten Situationen realen Erfahrungen der Autoren. Lerninhalte, die mit Geschichten verknüpft werden, können später leichter erinnert werden.

Schließlich haben wir mehrere neue Entwicklungen – insbesondere im Bereich des Medieneinsatzes – in das Buch aufgenommen. Es setzt bewusst den Schwerpunkt auf die Präsentationstechniken und verweist bei angrenzenden Themengebiete wie z.B. Rhetorik und Körpersprache auf weiterführende Literatur.

Basis für eine gelungene Präsentation ist sicherlich eine sorgfältige Vorbereitung und Konzeption. Ob die Präsentation bei den Zuhörern ankommt, entscheidet sich auch insbesondere in der Durchführung.

Deshalb wünschen sich die Autoren aufmerksame Leserinnen und Leser, die mutig Neues ausprobieren und jede Gelegenheit nutzen, um ihre Präsentationskünste zu verfeinern. Danken möchten die Autoren Sabrina Stumm und Dagmar Hofmann für ihre wertvolle Unterstützung.

Für das Präsentieren gibt es keine Patentrezepte – entscheidend für den Erfolg ist aber die Entfaltung von individueller Kreativität zur Umsetzung eigener Gedanken in eine verständliche und zielgruppenorientierte Präsentation. Kopieren Sie also unsere Tipps und Empfehlungen und machen Sie so viel wie möglich nach!

Gießen, September 2012

Norman Ciezki und Walter Paulsen

Inhaltsverzeichnis

Prolog

Bittere Tränen flossen noch nicht, aber meine Stimmung war auf dem Nullpunkt angelangt.

Melissa Blum war mir mittlerweile überaus vertraut geworden. Seit einigen Wochen arbeiteten wir nun zusammen und sie war mir, dem Berufseinsteiger, eine große Hilfe. Ich hatte sie bereits in vielen schwierigen Berufssituationen erlebt. In ihrer Karriere als Consultant war sie einige Überraschungen gewohnt. Wie im „richtigen Leben" so kommt auch im beruflichen Alltag vieles unverhofft und heftig. So manchen Herausforderungen war die erfolgreiche Mutter von zwei Kindern an ihrem Arbeitsplatz und auch in ihrer knappen Freizeit begegnet. Sie hatte es verstanden, Familie, Beruf und Freizeit gut zu vereinbaren. Im Letzteren war sie ebenfalls keine passive Verbraucherin, sondern engagierte sich aktiv ehrenamtlich in einem Verein, der Jugendlichen in schwierigen Situationen langfristig Halt geben möchte. Ganz aktuell hatte sie gestern Abend die alljährliche Vorstandssitzung moderiert – und das, wie sie fand, recht gut.

„Du warst also zufrieden mit dir gestern Abend?", fragte ich, Peter Rink, 28 *Jahre alt, jung und dynamisch, ansonsten erfolglos. Ich versuchte gleichzeitig neugierig und wirklich interessiert mit Melissa in ein Gespräch zu kommen. Wir hatten uns zufällig in der Cafeteria unserer Firma getroffen und ich konnte sie zu einer Tasse Kaffee überreden.*

„Ich wollte, du wärst gestern dabei gewesen", gab sie stolz zurück, „aber wie war es bei deiner Vorbereitung für heute?". Ich antwortete ihr offen: „Erst dachte ich, o.k. Peter, du kannst zufrieden sein. Nur hielt das Glücksgefühl nicht lange an. Es wäre schön gewesen, wenn mein Konzept heute bereits genehmigt worden wäre. Du weißt, tagelang habe ich über den möglichen Lösungen gebrütet. Die ausgearbeiteten Alternativen sollten nachvollziehbar in einer Präsentation aufgezeigt werden, damit eine Entscheidung für eine dieser Lösungen herbeigeführt werden kann", resümierte ich etwas resigniert.

„Die einzelnen Komponenten der Alternativen waren ausführlich und präzise dargestellt. Die Zusammenfassung und die Empfehlung logisch aufgebaut – oder etwa nicht?", stellte ich mir selbst eine verzweifelte Frage.

„Melissa, ich bin ganz ehrlich, eigentlich fing meine depressive Phase schon morgens zu Beginn meiner Vorbereitungen auf die Sitzung am Nachmittag an. Als mein PC gestartet war, übertrug ich die von mir in akribischer Heimarbeit vorbereitete Präsentation. Was hatte ich nicht alles mit meinem neuen Programm erstellt. Endlich war es mir damit auch gelungen, kurze Videosequenzen und Hintergrundmelodien einzubauen."

„Bestimmt wieder mal viel zu viel", spöttelte sie augenzwinkernd. „Was habe ich dir in den letzten Wochen nicht alles empfohlen?", fragte sie mich, den IT-Fachmann für Internet-Kommunikation, und konnte dabei nicht verbergen, dass sie zwischen Schadenfreude und Kollegenmitleid schwankte.

Das Unglück ist der Prüfstein des Charakters. (*Samuel Smiles, 1812-1904, schottischer Schriftsteller*)

„Natürlich hatte ich nicht übertrieben. Glaub ja nicht, dass ich nicht alle deine Tipps beachtet hätte", gab ich etwas gereizt zurück. „Hör mal, es erschien auf meinem Bildschirm die Präsentation. Zur Sicherheit sofort speichern und einmal durchlaufen lassen. Ich wunderte mich nur, warum die Eröffnungsmelodie verschwunden war? Die eingebauten Bilder öffneten sich auch nicht automatisch."

„Ja, und ich ahne den Grund?", es war ihr anzumerken, langsam fühlte sie mit ihrem unerfahrenen Kollegen.

„Kurz gesagt, ich hatte bei mir zu Hause eine neue Version des Präsentationsprogramms. Die hier im Büro vorhandene ist wesentlich einfacher gestrickt; d.h. meine Vorbereitung war umsonst, ich musste alle Animationen überarbeiten bzw. auf wesentliche Bestandteile verzichten." Ich beruhigte mich allmählich und wurde langsam wieder so souverän wie meine Umgebung es von mir als aufstrebende Nachwuchskraft erwarten konnte.

„...und wie verlief der Rest deines Tages?"

„Nachdem ich mich noch einmal intensiv mit meiner Präsentation beschäftigt hatte, kam die nächste Schreckensmeldung. Unser Hausmeister lief mir über den Weg und ich nutzte die Gelegenheit, nachzuhaken, ob der große Sitzungssaal entsprechend meinen Vorstellungen für heute Nachmittag vorbereitet sei.

Sein fragender und zweifelnder Blick ließ mich schnell erkennen, dass er über eine Präsentation in diesem Raum für heute keine Informationen bekommen hatte. „Ach, und übrigens", bemerkte er süffisant, „im großen Sitzungssaal sind ohnehin die Maler mit Renovierungsarbeiten beschäftigt, da läuft überhaupt nichts. Also was blieb mir anderes übrig, als schnell einen neuen Raum über das Sekretariat zu ordern."

„Ja, und mach es doch nicht so spannend!", forschte Melissa nach.

Mit den Schultern zuckend resümierte ich: „Na, der hat sich dann als wesentlich zu klein erwiesen. Frage mich bitte nicht, welche besonderen Erfahrungen ich an diesem Tag noch gemacht habe." Während dieser Andeutung, sah ich mit einem Auge, dass Melissa ständig in ihrer Hand irgendeinen Gegenstand bewegte. Eine Art Würfel. Hätte ich geahnt, welche Bedeutung dieser Würfel für meine nächsten Tage und Wochen haben sollte, wäre ich nicht so einfach über meine Beobachtung hinweggegangen.

Nun musste sie doch lächeln: „Na, nun mal raus damit. Was passierte anschließend. Du bist ja jetzt noch ganz blass."

„Vornehme Blässe nennt man das im Allgemeinen", gab ich spitz zurück, um anschließend, jetzt wiederum mit etwas Abstand zum vergangenen Geschehen, eher nüchtern zu ergänzen:

„Zum Beispiel war der Beamer zu dicht an der Wand (weil der Raum zu klein war), das Gebläse des Geräts strahlte voll in Richtung Vorstand, die Wand zum

Projizieren war sicherlich irgendwann einmal weiß gewesen, ein bereits lange zurückliegender Zustand. Doch das waren nur technische Details, die meinen Vortrag ungünstig beeinflussten. Wesentlich wichtiger war schon die Tatsache, dass unter den Zuhörern auch der Personalrat dabei war."

Sie zuckte mit den Schultern: „Wieso? Hast du erwartet, dass es keine Schwierigkeiten mit der Mitarbeitervertretung geben würde? Das ich dich auch darauf noch extra vorbereiten müsste, hatte ich jetzt nicht erwartet", warf sie etwas erstaunt dazwischen.

„Nicht, dass ich etwas zu Ungunsten der betroffenen Mitarbeiter getan hätte, nein, das war es nicht. Ich wollte nur vor Einbindung der Mitarbeitervertretung Lösungsansätze eliminieren, die besser erst im kleinen Kreis der Projektverantwortlichen diskutiert werden sollten.

Da ich ja von dir lernen will – was hat nach deiner Meinung gestern zu dem unguten Verlauf geführt? Und vor allem, was bedeutet das alles für die nächsten Präsentationen?", fragte ich.

Melissa antwortet prompt: „Das kann ich dir sagen: bei deiner gestrigen Präsentation gab es viele, teilweise auch scheinbar unwesentliche Mängel. Du hattest Probleme in der Vorbereitung und in der Durchführung. Du warst durch die Räumlichkeiten, die fehlende Leinwand usw. und auch in der Einstellung gegenüber einer nicht erwarteten Zielgruppe blockiert."

Die Begleitung durch Melissa dauerte nun schon ca. 6 Monate und immer wieder überraschte mich die abwechslungsreiche Tätigkeit in der Beratungsgesellschaft. Ich war mir durchaus meines Glücks bewusst: Mit Melissa Blum war ich wohl dem erfahrensten Coach in dieser Firma zugeteilt worden.

Wir tranken beide unseren Kaffee aus und verabredeten uns zum ersten gemeinsamen Meeting, um das neue, gemeinsam zu bewältigende Projekt vorzubereiten.

Im Herausgehen aus der Cafeteria drehte Melissa sich noch einmal um und gab mir den Rat: „Du tust gut daran, dir vier wesentliche Dinge aus deinem Horrortrip von gestern zu merken:

- Erstens, denke gründlich über alle Beteiligten nach.
- Zweitens, baue deine Präsentationen immer auf den von unserem Hausgrafiker entwickelten Standards auf. Denke dabei auch an unser Corporate Design.
- Drittens, Vertrauen ist gut, Kontrolle ist besser. Prüfe die Umgebungsfaktoren im Umfeld deiner Präsentationen. Es lohnt sich, Überraschungen werden auf ein kreativ notwendiges Maß zurück gefahren.
- Viertens, gib dein Bestes und alles wird gut!",

sagte es und schon war sie im Treppenhaus verschwunden.

1 Einführung

Nicht nur auf den Inhalt kommt es an

Präsentationen gehören heutzutage bei vielen Menschen zum Arbeitsalltag, sei es, dass sie selbst Präsentationen durchführen oder an Präsentationen teilnehmen. Die Anlässe für Präsentationen sind dabei vielfältig, sie dienen z.B. zur Entscheidungsfindung, Meinungsbildung, Informationsabgabe oder zum Verkauf von Produkten oder Dienstleistungen. Bei einer Präsentation entscheidet nicht nur der Inhalt über den Erfolg, sondern auch die „Verpackung". Nichts ist ärgerlicher, als wenn z.B. eine gute Projektarbeit in einer wichtigen Präsentation vor Entscheidern nicht die Anerkennung erhält, die sie verdient hätte, weil z.B. für die Adressaten nicht ansprechend oder verständlich präsentiert wurde.

Dimensionen einer Präsentation: Perspektive, Konzeption und Abfolge

Dieses Buch will Sie in der Abfolge der Präsentationsphasen Vorbereitung, Durchführung und Nachbereitung unterstützen. In allen drei Phasen gilt es, nicht nur die Perspektive des Präsentators, sondern auch die der Zuhörer einzunehmen, um die Präsentation eben adressatengerecht vorzubereiten, durchzuführen und in der Nachbereitung den Erfolg beurteilen zu können. Der Perspektivenwechsel ist auch für die Konzeption einer Präsentation (Ziele, Struktur, Inhalte, Visualisierung und Medien) ganz wesentlich, damit die Zuhörer sich angesprochen fühlen. Diese Konzeptionselemente sind die zentralen Gestaltungsinhalte der Präsentationsphasen.

Die Zusammenhänge sollen durch den folgenden „Präsentationswürfel" verdeutlicht werden. Jedes Würfelelement der drei Dimensionen Perspektive, Konzeption und Abfolge kann miteinander kombiniert werden.

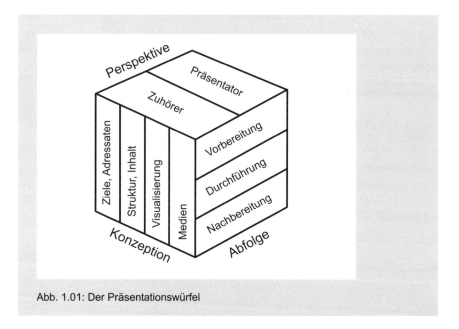

Abb. 1.01: Der Präsentationswürfel

2   Vorbereitung

Die Abfolge von Präsentationen durchläuft drei Phasen: Vorbereitung, Durchführung und Nachbereitung.

In der Wahrnehmung der Zuhörer ist sicherlich die Durchführung für den
Erfolg und auch für den Misserfolg einer Präsentation verantwortlich. Ob die
Durchführung gelingt, hängt aber ganz wesentlich von der Vorbereitungsphase
ab.

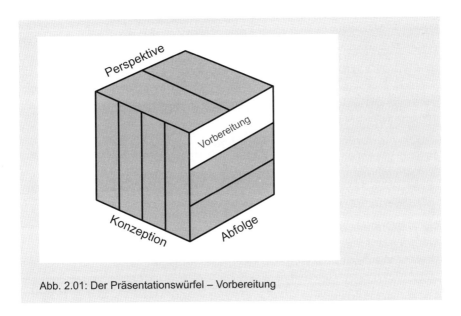

Abb. 2.01: Der Präsentationswürfel – Vorbereitung

In der Vorbereitungsphase wird der Grundstein für eine erfolgreiche Durchführung gelegt. Hier werden zunächst die Ziele einer Präsentation bestimmt
und die Adressaten analysiert. Davon sind wiederum die Auswahl der Inhalte
und deren Strukturierung abhängig. Ebenso ist im Vorfeld zu überlegen, welche Medien eingesetzt werden sollen und welche weiteren organisatorischen
Sachverhalte (z.B. Vorabinformationen an die Teilnehmer) vorzubereiten
sind.

Basis einer erfolgreichen Präsentation: Sorgfältige Vorbereitung

Nun ist es aber ein Trugschluss zu meinen, dass man für eine kurze Präsentation auch wenig Vorbereitungszeit benötigt. Genau das Gegenteil ist der Fall.
Wenn Ihnen nur 10 Minuten für eine Präsentation zur Verfügung stehen,
müssen der Zeitplan viel straffer strukturiert, die Inhalte sorgfältig ausgewählt
und Folien aussagekräftig sein. Sie haben keine Zeit zur Improvisation und
müssen dementsprechend mehr Aufwand in die Vorbereitung investieren. Am
Ende zahlt sich dies dann aus, denn „Der Zufall begünstigt nur den vorbereiteten Geist" (Louis Pasteur, 1822-1895).

Kürze dauert

2.1 Ziele/Adressaten

Berücksichtigung der Perspektiven führt zu gewünschten Ergebnissen...

„Ist es dir eigentlich bewusst, dass wir uns vor 14 Tagen zuletzt gesehen haben? Wir haben bei unserem ersten Austausch sicher noch nicht alle Merkmale von Präsentationen besprochen." Mit diesen Worten begrüßte ich Melissa.

„Glaube mir, es gibt nichts im Rahmen von Präsentationen, was es nicht gibt, erwiderte sie, „ich will dir nur ein Beispiel nennen. Sieh dir diese Perspektive dieses Würfels an. Fällt dir etwas auf?"

Den Würfel aus Kunststoff hatte ich bereits bei unserem letzten Gespräch bemerkt. Er war auf drei Seiten beschriftet. Ich nahm ihn in die Hand. Erst jetzt wurde mir bewusst, dass die übrigen Seiten mit einer Folie bezogen waren, die den Inhalt verbarg.

„Mach dir darüber noch keine Gedanken," sagte Melissa. „Darüber werden wir noch früh genug reden." Diese Bemerkung klang gereizt. Sie setzte dann aber in einem ruhigen Ton fort: „Die Perspektive der Zuhörer sollten wir betrachten."

Sie erklärte mir dann, wie wichtig es sei, die Ziele der Adressaten einer Präsentation zu kennen, anzusprechen und mit dem vorgestellten Präsentationsinhalt auch zu erreichen. „Dass dies mitunter anstrengend sein kann, erlebte ich bei der Vorstellung des neuen Projektmanagement-Handbuchs für die Kreisverwaltung in B. Es waren ca. 25 Personen versammelt. Der stellvertretende Landrat kämpfte von Beginn an mit der Übermächtigkeit des gesunden Büroschlafs."

„Der Landrätin war es sichtbar peinlich," berichtete sie, „wie ihr Kollege zunächst leise, im Verlauf der Veranstaltung allerdings immer „eindringlicher" vor sich hin träumte. Da beide im Sitzungssaal an verschiedenen Enden des massigen hufeisenförmigen Konferenztischs saßen, bestand für sie keine Möglichkeit, auf dezente Weise den Schläfer zu ermahnen. Sie griff schließlich zu einem rustikalen Mittel: mit großer Kraft trat sie gegen die Unterseite des Tischs, worauf erst recht alle auf das Geschehen aufmerksam wurden. Nur der Schläfer war sich keiner Schuld bewusst, schüttelte sich und saß wieder aufrecht, als sei nichts geschehen." Melissa Blum bekam jetzt noch feuchte Augen, als sie von dieser Veranstaltung berichtete.

„Ich gebe zu, bei allem Humor, ein sehr drastisches Beispiel für peinliches Verhalten in einer Präsentation. Ich frage mich natürlich, wer trägt die Hauptverantwortung dafür. Hätten wir interessanter präsentieren müssen? Möglicherweise ja, nur was soll an einem Zwischenergebnis über ein zukünftiges Dokumenten-Management-System interessant sein?" schmunzelte sie.

Melissa fuhr fort:

„Josef G., ein ehemaliger Kollege, hatte eine ähnliche Aufgabenstellung zu bewältigen. Es ging damals noch um konventionelle Registraturen. Er begann mit einem Zitat von Elmar von Pierer, dem ehemaligen Vorstandsvorsitzenden des Siemens-Konzerns: Das papierlose Büro wird es ebenso wenig geben, wie die papierlose Toilette! Er hatte die meisten Zuhörer auf seiner Seite. Dann kam der Höhepunkt seines Auftritts. Er konnte sein kreatives Präsentieren noch steigern. Auf ständiges Beklagen, aus einer Lose-Blatt-Hängemappe würden die Unterlagen herausfallen und ständig durcheinander geraten, stellte er sich in die Mitte der Teilnehmer und warf eine solche Mappe quer durch den Raum. Sie landete vor einem Teilnehmer, jedoch trotz drei Meter Flugstrecke vollständig erhalten." Und fast triumphierend erzählte sie weiter: *„Kein Blatt Papier war herausgefallen. Es blieb das Geheimnis unseres Kollegen, ob er die Mappe präpariert oder einfach nur Glück hatte bzw. das Verfahren tatsächlich so sicher war. Seine Kreativität und sein Mut brachten ihm danach den Namen „Mappen-Jupp" ein".*

„Das klingt banal, ich kann mir aber vorstellen, es ist einer der kritischen Erfolgsfaktoren jeder Präsentation ob du es schaffst, die Teilnehmer zu erreichen oder nicht." erwiderte ich.

„Ja, die Frage stellt sich jedes Mal. Bei ihrer Beantwortung denke an den schlafenden Landrat. Er zeigte kein Interesse an dem Thema und schlief sanft ein. Hätten wir den Bezug zu dem Präsentationsanlass für ihn persönlich besser herausgearbeitet, wäre er sicherlich aufmerksam bei uns geblieben. Mappen-Jupp erreichte seine Zuhörer, weil er ihnen eine alltägliche Situation, die sie leicht nachvollziehen konnten, vorspielte. Also sei ideenreich, sei mutig, wage etwas Ungewöhnliches, etwas Neues – ich kann dir nur empfehlen, versetze dich dabei immer in die Situation der Teilnehmer und ...

...„nimm einen Wechsel der Perspektive vor!

Betrachte deinen Vortrag mal aus der Sicht der Zuhörer." Melissa beugte sich leicht nach vorn, ein sicheres Zeichen der Konzentration und der Betonung der folgenden Aussagen:

„Würdest du dir selbst auch nach 10 Minuten noch aufmerksam zuhören? Was willst du als Betroffener zu Beginn einer Präsentation hören? Welche Ziele und Erwartungen bestimmen deine Konzentration auf den Redner? Mal ehrlich, wenn man von manchen Zuhörern die Gedanken während der Veranstaltung sichtbar machen würde, wäre das für den Präsentator oder die Präsentatorin so frustrierend, dass sie jeder zukünftig zu haltenden Präsentation aus dem Weg gehen würden."

„Du meinst, ich sollte mich in die Rolle der Zuhörer versetzen und würde mein blaues Wunder erleben?", fragte ich nach.

„Das gebe ich dir schriftlich. Der Perspektiv-Wechsel vom Präsentator zum Zuhörer bewahrt dich auch vor einer Arroganz des Informations-Besitzers. Sei dir darüber im Klaren: Du hast das Thema jetzt wochen- oder auch monatelang bearbeitet. Du gehörst zum Projektteam. Deine Zuhörer haben sich in dieser Zeit mit völlig anderen Themen auseinandergesetzt. Nun musst du sie dort abholen, wo sie sich z.Zt. befinden."

Melissa war schon fast zur Bürotür hinaus, als sie sich noch einmal umdreht. „Ach übrigens, was Du Dir noch merken solltest:

> *Erstens, denke an Deine Präsentationsziele und die Anlässe zur Präsentation.*
>
> *Zweitens, führe eine Adressaten-Analyse durch, um den richtigen Einstieg zu wählen und eine dauerhafte Aufmerksamkeit zu gewährleisten.*
>
> *Drittens, sei kreativ und mutig.*
>
> *Viertens, gib Dein Bestes und alles wird gut!",*

sagte es und ward im Gang verschwunden.

Ziele/Adressaten

Der erste und vielleicht auch der wichtigste Schritt bei der Vorbereitung und Konzeption einer Präsentation besteht in der Zielbestimmung und Adressatenanalyse.

Erfolgsfaktor: Perspektiv- wechsel

Nur wenn Ihnen selbst klar ist, was Sie mit Ihrer Präsentation erreichen wollen, können Sie Ihre Ziele auch realisieren. Hinzu kommt, dass eine Präsentation nur mit den Zuhörern erfolgreich sein kann, nicht ohne oder gar gegen sie. Deshalb gilt es, sich auch in die Präsentationsteilnehmer hineinzuversetzen. Dieser Perspektiv-Wechsel ist für eine erfolgreiche Präsentation ganz wesentlich und gilt nicht nur für die gesamte Konzeption, sondern auch für jede Phase in der Präsentationsabfolge.

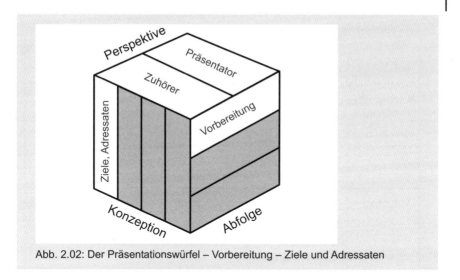

Abb. 2.02: Der Präsentationswürfel – Vorbereitung – Ziele und Adressaten

Wann war Ihre Präsentation erfolgreich? Auf diese Frage gibt es keine allge- meingültige Antwort, denn dies hängt von Ihrer Zielsetzung ab. Dabei bestimmt der Präsentationsanlass die Präsentationsziele. Aus den Präsentationszielen lassen sich wiederum die Präsentationsinhalte und das Vorgehen ableiten.

Ziel-
bestimmung

Wir unterscheiden hier zwischen Präsentationen zur

- Meinungsbildung,
- Entscheidungsfindung
- Informationsabgabe.

Die Verkaufspräsentation (Produkte/Dienstleitungen) stellt einen Sonderfall dar, der an dieser Stelle nicht behandelt wird.

In der nachfolgenden Tabelle werden die Präsentationsanlässe, deren Ziele und das jeweilige Vorgehen kurz beschrieben.

Präsentations-
anlässe

Präsentation zur Meinungsbildung	
Diese Präsentation dient der Informationssammlung und -weitergabe zur Meinungsbildung auf Seiten der Teilnehmer und des Präsentators. Sie wird oft auch Workshop genannt – der Präsentator hat die Rolle des Moderators inne.	
Ziel	■ Gemeinsames Verständnis und Einigung herbeiführen
Vorgehen	■ Ideen und Meinungen sammeln ■ Probleme und Lösungsansätze diskutieren (keine Lösungen vorstellen) ■ Fragen klären

Präsentation zur Entscheidungsfindung

Bei diesem Anlass geht es darum, den Teilnehmern (z.B. Lenkungsaus-schuss, Vorstand, Geschäftsführung) eine Entscheidung zwischen mehreren vorgestellten Lösungsvarianten zu ermöglichen. Dabei werden Vor- und Nachteile/Kosten und Nutzen der Lösungen dargestellt. Der Präsentator gibt in der Regel eine begründete Empfehlung ab.

Ziel	▪ Entscheidungssituation aufhellen und somit Entscheidung ermöglichen
Vorgehen	▪ Ergebnisse, keine Verfahrensbeschreibung nennen ▪ Antworten geben, keine neuen Fragen aufwerfen ▪ Lösungsvarianten aufzeigen und bewerten (Vor- und Nachteile) ▪ Entscheidungshilfen geben

Präsentation zur Informationsabgabe

Bei diesem Präsentationsanlass stehen die Ergebnisse fest. Es sind keine Entscheidungen zu fällen. Die Veranstaltung dient „lediglich" dazu, entwickelte und verabschiedete Lösungen vorzustellen, zu erläutern und zu begründen.

Ziel	▪ Angst vor Neuem nehmen – Widerstände abbauen
Vorgehen	▪ Ergebnisse erläutern ▪ Entscheidungen begründen ▪ Lösungen glaubhaft machen ▪ Vorzüge der Lösung aufzeigen, ohne Schwachstellen zu vertuschen

Abb. 2.03: Präsentationsanlässe – Ziele und Vorgehen

Die Ziele sollten so präzise und adressatenbezogen wie möglich formuliert wer-den. Ziele beschreiben dabei einen angestrebten Soll-Zustand. Sie sind von Lösungen (Auf welchem Wege erreiche ich den Soll-Zustand?) bzw. Aufgaben zu unterscheiden.

> „Ich möchte unser Projekt, den Projektverlauf sowie unsere Lösung darstellen."

Beispiel

Dies ist kein Ziel, sondern eine Aufgabe, denn sie hat keinen verändernden Einfluss auf die Realität.

> „Die Präsentationsteilnehmer sollen über den Projektanlass informiert und von der Nützlichkeit unserer Lösung überzeugt sein."

Beispiel

Hierbei handelt es sich um eine klare Zielvorgabe, aus der Sie auch adressatenbezogen Ihr Vorgehen und die Präsentationsinhalte ableiten können.

Darüber hinaus ermöglicht eine Zielbestimmung für Ihre Präsentation auch eine Erfolgskontrolle:

Versuchen Sie Ihre Ziele messbar zu machen (zu operationalisieren). Das bedeutet, einen Maßstab zu finden, mit dem Sie prüfen können, ob Ihr Ziel erreicht wurde.

Messbare Ziele formulieren

Für das oben formulierte Ziel könnte eine Operationalisierung folgendermaßen lauten:

> „Anzahl der Mitarbeiter, die bereit sind, sich bei der Umsetzung/Einführung der neuen Lösung aktiv zu beteiligen."

Beispiel

> Ein „Ziel", für das Sie keinen Maßstab finden, ist eine Aufgabe oder Lösung. Bleiben Sie bei der Zielbestimmung realistisch. Formulieren Sie erreichbare Ziele.

Hinweis

Bei der Zielformulierung sind folgende Überlegungen hilfreich:

- Was müssen die Teilnehmer wissen?
- Wofür soll ihr Verständnis geweckt werden?
- Welche Einsichten sollen gewonnen werden?
- Welches Verhalten sollen die Teilnehmer zeigen?

Es klingt zunächst banal und wir haben es bereits erwähnt:

Eine Präsentation kann nur mit den Zuhörern erfolgreich sein, nicht ohne oder gar gegen die Zuhörer.

Sicherlich haben Sie bereits selbst an Präsentationen teilgenommen, die am Vorwissen und den Interessen, Wünschen und Befürchtungen der Zuhörer vorbei konzipiert waren.

Halten Sie sich vor Augen, dass sich nicht jeder grundsätzlich für Ihre Informationen interessiert! Alle möchten aber wissen: „Was bedeutet das Ganze für mich? Welche Auswirkungen gibt es für mich persönlich?"

Perspektive wechseln

Nehmen Sie einen Wechsel der Perspektive vor und versetzen Sie sich in die Rolle des Zuhörers!

Abb. 2.04: Zuhörer einer Präsentation

Für den Erfolg einer Präsentation ist eine eingehende Adressatenanalyse unerlässlich. Stellen Sie sich folgende Fragen:

Adressaten-anlayse/ Stakeholder-analyse durchführen

- Wer sind die (ggf. unterschiedlichen) Adressaten der Präsentation?
- Welche Ziele verfolgen sie?
- Welche Einstellung zum Inhalt, Produkt, Thema oder zu mir ist zu erwarten?
- Welches Vorwissen bringen sie mit?
- Welches Interesse kann (typischerweise) vorausgesetzt werden?
- Wer sind die Schlüsselpersonen?
- Welche Erwartungen haben sie im Hinblick auf die Präsentation (Visualisierung, Medieneinsatz, Beteiligung, Rahmenbedingungen, Teilnehmerunterlagen, Präsentator)?
- Warum sind meine Informationen für diese Gruppe wichtig?

Die Beantwortung dieser Fragen fällt natürlich leichter, wenn Sie die Adressaten (Zielträger, Stakeholder) persönlich kennen. Andernfalls ist es ggf. möglich, die Adressaten zu typisieren und so deren Ziele und Interessen zu ermitteln. Typische Adressaten/Zielträger in der betrieblichen Praxis sind

Adressaten/Stakeholder/Zielträger	Ziele (Beispiele)
Unternehmung (repräsentiert durch Geschäftsleitung bzw. Management)	Wirtschaftlichkeit, Rentabilität, Wachstum, Sicherheit, Ansehen, Transparenz, Marktanteile, Image
Unternehmensbereiche/ Abteilungen (repräsentiert durch die dort Verantwortlichen)	Wenig externe Eingriffe oder Störungen, Reservekapazitäten, hohe Effizienz
Betroffene Mitarbeiter	Arbeitserleichterung, anspruchsvolle Aufgaben, Aufstiegschancen, gleichmäßige Auslastung, umfangreiche Information, Benutzerfreundlichkeit, Ergonomie
Kunden (intern und extern)	Hohe Servicebereitschaft, schnelle Erledigung, eindeutige Ansprechpartner, niedrige Kosten, wenig Bürokratie, individuelle Produkte, Bedienerfreundlichkeit, Umweltschutz

Beispiele

Abb. 2.05: Typische Zielträger und deren Ziele

Eine gründliche Adressatenanalyse leistet auch mit Blick auf eine nach der Präsentation folgende Diskussion unschätzbare Dienste, weil Sie sich so auf kritische Fragen und Einwände vorbereiten können.

Hinweis

Zur Adressatenanalyse kann Ihnen das nachfolgende Formular (siehe Abb. 2.06) helfen, das nach Bedarf ergänzt und verfeinert werden kann.

Name Adressat:

_____

Einstellungen zum/zur:

■ Thema:_____

■ Person (Präsentator):_____

■ Firma: _____

**Vorwissen, Hintergrund, Interessen, Ziele, Befürchtungen
(beruflich und persönlich):**

_____

_____

_____

Mögliche Fragen und Einwände:

_____

_____

_____

Sonstiges:

_____

_____

_____

Abb. 2.06: Formular zur Adressatenanalyse

2.2 Struktur/Inhalt

Jonathan Swift, unser Geschäftsführer und eine Abteilungsleiter-Runde

Nicht nur dass der Wagen – ein nagelneues Fabrikat – hervorragend auf der Straße lag, nein, auch die Stimmung der drei Insassen konnte nicht besser sein.

„Die Gesichter werde ich so schnell nicht vergessen!", feixte Melissa Blum vom Fahrersitz aus. Neben ihr saß unser Geschäftsführer, Dr. Kandert und meinte: „Nun können Sie unbesorgt in diesem Projekt weitermachen. Unsere Rollenteilung als „bad-boy" und „good-girl" hat, wenn auch ungewollt, funktioniert."

Was war passiert? Wir hatten ein Gutachten präsentiert, das aufzeigte, welche Optimierungsmaßnahmen sich für die Steigerung der Wirtschaftlichkeit der Fachabteilungen in einem großen Industrieverband eignen würden. Es war zu befürchten, dass bei einer Weigerung, die vorgeschlagenen Maßnahmen umzusetzen, ganze Bereiche aufgelöst werden. Bei der Vorstellung waren alle 16 Abteilungsleiter mit ihren Stellvertretern anwesend. Außerdem der Assistent des Verbandspräsidenten.

„Ehrlich gesagt", warf ich vom Rücksitz aus ein, „war das in der ersten Hälfte der Präsentation wie ein Reden vor einer hohen Wand. Es gab steinerne Blicke. Kein zustimmendes freundliches Lächeln, aber auch kein negatives Signal. Ich bin mir nicht sicher, ob die Teilnehmer der Runde wirklich verstanden hatten, um was es eigentlich geht."

In einer Pause unserer Informations-Präsentation war der Assistent zu uns gekommen und hatte, ohne dass es die übrigen Teilnehmer hören konnten, nachdrücklich darum gebeten, in aller Deutlichkeit auf die Konsequenzen hinzuweisen, die mit einer Verweigerungshaltung auf die Fachabteilungen zu kämen.

„Als das mit den vor uns tätigen Beratern rauskam, dachte ich an das Zitat von Jonathan Swift: „Niemand ist so blind wie die, die nicht sehen wollen." Ich glaube, mich zu erinnern, dass es in seiner Geschichte um die Ehefrau eines für seine Affären bekannten Mannes geht. Na ja, vielleicht nicht ganz vergleichbar mit unserem heutigen Erlebnis", führte Dr. Kandert aus.

Nach der erwähnten Pause in unserer Präsentation, eröffnete unser Geschäftsführer die Diskussionsrunde mit der Frage: „Wissen Sie, was das eigentliche Problem dieses Verbands ist?" Fragende Gesichter bei den Angesprochenen. Achselzucken, Neugierde, Erwartung und zaghafte Verneinung. „Das Problem dieses Verbands sitzt hier am Tisch", sagte er und holte gleichzeitig zu einer alle Anwesenden umfassenden Armbewegung aus. Da war es raus. Nach einem Augenblick ohnmächtiger Betroffenheit nahm sich einer der

Niemand ist so blind wie die, die nicht sehen wollen.
Jonathan Swift 1667-1745 irischer Schriftsteller

Führungskräfte ein Herz und rief in den Saal: „Unverschämtheit! Das was Sie jetzt sagen, hat bereits die vor Ihnen hier tätige Unternehmensberatung festgestellt." Er merkte zu spät, dass er damit genau unsere Position bestätigte.

„Ja, wenn man nicht sehen will...", philosophierte Melissa bei Tempo 140. Sie hatte es als verantwortliche Projektleiterin nach diesem dramatischen Auftritt ihres Chefs geschafft, die Wogen zu beruhigen und den Auftrag zur Umsetzung der Vorschläge erhalten. Dr. Kandert war danach allerdings zur persona non grata erklärt worden. Damit wiederum, berichtete uns bei der Verabschiedung der Assistent des Präsidenten hocherfreut, sei das ursprüngliche Ziel unserer Präsentation durch seine Intervention in der Pause doch noch erreicht worden.

„Nun aber mal ernsthaft", begann Dr. Kandert, „wenn wir inhaltlich nicht so gut vorbereitet gewesen wären, wäre der Schuss nach hinten losgegangen!" „Und hätte uns voll erwischt", versuchte ich professionell zu ergänzen.

Leicht irritiert durch meine vorwitzige Bemerkung fuhr er fort. „Mein Kompliment, Frau Blum, die Präsentation war klar und nachvollziehbar strukturiert. Sie haben eine elegante Brücke zu den Teilnehmern aufgebaut." „Die Sie nachher nachhaltig demontiert haben", warf Melissa lachend ein.

„Zugegebener Maßen, ja, aber es ging trotzdem oder gerade deshalb gut aus", lachte Dr. Kandert zurück und fuhr mit seinem Feedback fort: „Sie hatten, als es an die Sachthemen ging, im Grunde das Interesse der Zuhörer geweckt. Kompetent, authentisch und zielorientiert kamen von Ihnen die Fakten ans Licht. Inhaltlich besonders wichtig war wohl die Tatsache, dass Sie sich nicht zu lange am IST-Zustand aufgehalten haben, sondern zukunftsbezogen die Chancen des Verbands intensiv aufgezeichnet haben. Für mich waren auch die vorgestellten Lösungsalternativen nachvollziehbar und logisch."

„Das Ergebnis der Nutzwert-Analyse fand ich besonders überzeugend", warf ich zustimmend dazwischen.

Dr. Kandert setzte seine Ausführungen unbeirrt fort. „Ich glaube auch, dass das anfangs von Ihnen, Frau Blum, erwähnte Veranstaltungsziel und auch der geplante Ablauf der Veranstaltung das zunächst positive Klima geschaffen haben. Ihre Schlussbotschaft ist wahrscheinlich auch der Grund, dass wir trotz meines Auftritts den Auftrag weiterführen sollen. Erinnern Sie sich noch? Sie sagten wörtlich: Wie gut müssen Sie sich mit Ihren Mitarbeitern eigentlich verstehen, dass Sie trotz der organisatorischen Mängel eine so gute und anerkannte Leistung bringen können? Meinen herzlichen Glückwunsch und meine aufrichtige Anerkennung für diese Leistung!", beendete Dr. Kandert seine Ausführungen.

Leicht errötend dankte Melissa ihrem Vorgesetzten. „Ich bin davon überzeugt, dass besonders die klare Struktur, die Konzentration auf die Kernaussagen und zielgruppenorientierte Ausrichtung Garanten für den Erfolg der Veranstaltung waren", meinte sie zusammenfassend.

> Mir wird applaudiert, weil mich jeder versteht. Ihnen dagegen, weil Sie niemand versteht.
> *Charly Chaplin
> 1889-1977
> britischer Komiker
> zu Albert Einstein,
> 1879-1955,
> Physiker*

„Und auf jeden Fall Ihre pointiert vorgetragene Präsentation", *lächelte er seine Mitarbeiterin an. Und mir kam unmittelbar der Präsentationswürfel in den Sinn. Waren doch wesentliche Merkmale beim Stichwort „Konzeption" untergebracht. Es schien sich zu lohnen, auf den Inhalt und auf klare Strukturen in der Präsentation zu achten.*

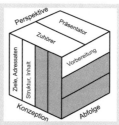

Wir waren mittlerweile zügig vorangekommen. Der angemietete Wagen hatte uns bis zu unserem Hotel gebracht. Wir fuhren gerade in die Tiefgarage, als ich von unserer so gelobten Fahrerin doch noch eine Empfehlung mit in den Abend hinein bekam. Ohne sich umzudrehen meinte Melissa zu mir:

„Ach, das muss ich dir noch sagen.

> *Erstens, lass dich nie durch ein zu großes Lob beeinflussen, es steckt meist ungeahnte Zusatzarbeit dahinter.*
>
> *Zweitens, gib dir Mühe und bereite dich insbesondere auf den Inhalt und die Struktur deiner Präsentation vor.*
>
> *Drittens, bleibe auch bei den Pointen du selber, es muss zu dir passen.*
>
> *Viertens, erinnere deinen Chef bei Gehaltsverhandlungen immer mal wieder an solche Augenblicke, wie wir ihn gerade erlebt haben – und alles wird gut!"*,

sagte Melissa augenzwinkernd und parkte den Wagen sicher in der überaus engen Tiefgarage.

Struktur/Inhalt

Den
„roten Faden"
sichtbar
machen

Wichtige Punkte bei der Präsentationsvorbereitung sind die Auswahl der Präsentationsinhalte sowie deren Strukturierung. Die Präsentation sollte einen „roten Faden" erkennen lassen, der es den Zuhörern leicht macht, Ihre Argumentationskette nachzuvollziehen. An dieser Stelle sei noch einmal an die Zielbestimmung und die Adressaten erinnert: Beachten Sie bitte, welches Vorwissen die Zuhörer mitbringen, welche Interessen und Befürchtungen sie haben etc.

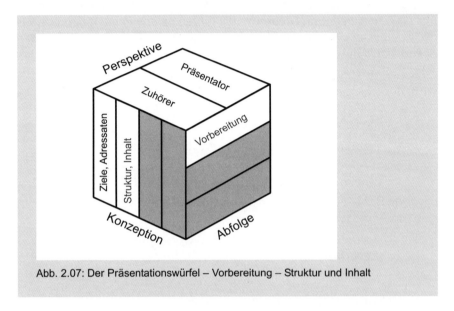

Abb. 2.07: Der Präsentationswürfel – Vorbereitung – Struktur und Inhalt

Üblicherweise besteht eine Präsentation aus drei Abschnitten:

- Einleitung
- Hauptteil
- Schlussteil.

2.2.1 Die Einleitung

Bei einer 15 bis 20 minütigen Präsentation sollte die Einleitung nicht länger als 2 bis 3 Minuten dauern. Trotz dieser kurzen Zeitspanne ist die Einleitung von entscheidender Bedeutung, da die Zuhörer hier einen ersten Eindruck vom Präsentator erhalten und sich ein (Vor-) Urteil bilden. Fällt dieser Eindruck positiv aus, so haben Sie es in der Folge deutlich leichter. Umgekehrt kann eine misslungene Einleitung die nachfolgende Präsentation des Hauptteils scheitern lassen.

Der erste Eindruck

In der Einleitung geht es darum,

- eine positive Beziehung zum Publikum aufzubauen (siehe Kapitel 3.2: Sympathiefeld)
- das Interesse der Zuhörer zu wecken
- eine Orientierungshilfe zum Verlauf der Präsentation zu geben
- Ihre Kompetenz zu unterstreichen.

Aus diesen Zielen lassen sich die Inhalte der Einleitungsphase ableiten.

Jede Präsentation beginnt mit einer kurzen Begrüßung. Überlegen Sie genau, ob Sie bestimmte Personen einzeln (namentlich) begrüßen möchten und welche Wirkung dies auf andere Zuhörer hat, die nicht namentlich begrüßt werden. Vergessen Sie bitte nicht, sich selbst kurz vorzustellen. Dies rundet das erste Bild, das sich die Zuhörer von Ihnen machen, ab. Sollten Sie alle Anwesenden persönlich kennen, entfällt dies natürlich. Begrüßung und Vorstellung dienen dazu, mit dem Publikum in einen positiven Kontakt zu treten. Das sollte mit einem Lächeln und nicht mit einem verbissenen Gesichtsausdruck geschehen. Wenn es Ihnen schwerfällt zu lächeln (vielleicht weil Sie aufgeregt sind), dann nutzen Sie folgenden Trick:

Eine Brücke zu den Zuhörern: Lächeln!

Suchen Sie kurz vor der Präsentation die Toiletten auf und stellen Sie sich vor den Spiegel. Setzen Sie ein übertriebenes Grinsen auf. Ihre Gesichtsmuskeln drücken jetzt auf Nervenzellen, die Ihrem Gehirn signalisieren, dass Sie lächeln. Nun wird es Ihnen leichter fallen.

Tipp

Vermeiden Sie bei der Begrüßung Sätze wie „Ich konnte mich leider nicht richtig vorbereiten" oder „Einige von Ihnen werden die Inhalte meiner Präsentation wahrscheinlich bereits kennen" o.ä.

Tipp

Mit derartigen Äußerungen schaffen Sie kein Vertrauen in Ihre Kompetenz und die Erwartungshaltung an Ihre Präsentation wird eher negativ.

Nach der Begrüßung können Sie ggf. einen Aufmacher nutzen, um das Interesse der Zuhörer zu wecken. Beispielsweise haben Sie einen aktuellen Zeitungsartikel entdeckt, der sich mit den Inhalten Ihrer Präsentation beschäftigt: „Viel-

Bitte keine plumpen Witze

leicht haben Sie es heute Morgen auch in der Zeitung gelesen ....". Auch eine passende Anekdote kann als Aufmacher dienen – vermeiden Sie aber plumpe Witze, die beim Publikum nicht ankommen.

Interesse an Ihrer Präsentation sollte aber in jedem Fall durch den Titel ausgelöst werden. Überlegen Sie aus der Perspektive der Adressaten, was diese neugierig machen könnte.

Beispiel

„Grundlagen der Präsentation. Von der Vorbereitung bis zur Nachbereitung" ist sicher ein treffender Titel, wirkt aber nicht sonderlich spannend.

Beispiel

„Das Einmaleins des Präsentierens", „Wie Sie Ihr Publikum im Handumdrehen fesseln und auf Ihre Seite ziehen" oder „Die drei größten Präsentationsfehler – wie Sie Ihre Zuhörer in 5 Minuten einschläfern oder gegen sich aufbringen" klingt da interessanter.

Agenda ständig sichtbar

Als Orientierungshilfe sollten Sie zu Beginn noch einmal den Präsentationsanlass/das Präsentationsziel nennen und einen Überblick zu den einzelnen Punkten geben. Letzteres geschieht üblicherweise mit einer Agenda. Wichtig ist, dass die Agenda während der gesamten Präsentation sichtbar bleibt und dem Publikum anzeigt, wo man gerade steht. Manche Präsentatoren nutzen dazu eine Flip Chart und streichen die gerade behandelten Punkte an. Sollten Sie so verfahren, dann bitte aber nicht als ersten Punkt „Begrüßung" notieren, der dann nach 2 Sekunden abgehakt wird. Das wirkt unprofessionell. Alternativ zur Agenda auf dem Flip Chart können Sie die einzelnen Präsentationspunkte auch auf Ihrer Folienpräsentation darstellen. Achten Sie aber bitte darauf, dass die Agenda auch hier entweder ständig sichtbar ist und der jeweils behandelte Punkt hervorgehoben wird oder dass die Agenda zwischen den einzelnen Inhaltsfolien immer wieder zur Orientierung eingeblendet wird.

Tipp: Hyperlinks benutzen

Sollten Sie eine Präsentation mit Beamer und Notebook durchführen, können Sie die Agendapunkte auch mit einem Hyperlink versehen, der Sie zu der jeweiligen Stelle in der Präsentation springen lässt. Dies ist hilfreich, wenn Sie in einer anschließenden Diskussion auf eine bestimmte Folie ohne langes Suchen zurückgreifen möchten.

Zur Orientierung gehört auch der Hinweis auf die zur Verfügung stehende Zeit (Pausen), ggf. auszugebende Unterlagen (Handout) und wie mit Fragen umgegangen werden soll (z.B. Verständnisfragen sofort stellen – inhaltliche Fragen bitte am Ende).

2.2.2 Der Hauptteil

Bei der Strukturierung des Hauptteils stehen Sie vor der Herausforderung, eine logische, nachvollziehbare und interessante Argumentationskette zu erstellen. Anschließend werden die festgelegten Themenblöcke bzw. Gliederungspunkte mit den ausgewählten Fakten und Beispielen, Aussagen und Argumenten dargestellt.

Eine Herausforderung: Logisch und nachvollziehbar argumentieren

Für eine Überzeugungspräsentation (Präsentation zur Entscheidungsfindung, Informationsabgabe und auch Verkaufspräsentation) hat sich folgende Strukturierung bewährt:

1. Ausgangslage/Ist-Situation

Hier wird zunächst eine kurze Problembeschreibung vorgenommen. Daten zur IST-Situation veranschaulichen die Ausgangslage. Abhängig vom Präsentationsanlass bzw. -zeitpunkt kann dieser Gliederungspunkt (so wie alle anderen auch) unterschiedlich stark gewichtet werden. Beispielsweise wird man in einer Entscheidungspräsentation am Ende einer Vorstudie die Ausgangslage detaillierter darstellen als später am Ende einer Hauptstudie.

2. Negative Folgen (Würdigung des IST-Zustands)

Bei diesem Punkt geht es darum, die negativen Folgen zu beschreiben, die entstehen, wenn nicht auf die problematische Ausgangslage reagiert wird. (Ggf. können Sie hier einen direkten Bezug zu den Adressaten herstellen.) Dies soll bei den Zuhörern den Handlungsdruck verdeutlichen.

3. Zielbeschreibung

Bevor Sie nun Ihre Lösungsvorschläge präsentieren, sollte kurz die Zielrichtung mit den Zuhörern abgestimmt werden. Zur Erinnerung: Ziele beschreiben einen angestrebten Soll-Zustand – Lösungen sind der Weg dorthin. Sollten Sie mit Ihren Lösungsvorschlägen nicht durchkommen bzw. auf Widerstände treffen, so haben Sie sich dann doch schon einmal auf eine Zielrichtung (Zwischenergebnis) verständigt.

4. Lösungsvorschlag

Nachdem die Zuhörer nun vorbereitet sind, können Sie Ihre Lösungsvorschläge in angemessener Detaillierungstiefe präsentieren.

5. Positive Folgen (Bewertung des Lösungsvorschlags)

Es liegt auf der Hand, dass dieser Punkt von entscheidender Bedeutung ist. Hier gilt es, die positiven Auswirkungen (für die Zuhörer) Ihrer Vorschläge darzustellen (Kosteneinsparungen, Umsatzsteigerung, Produktivitätssteigerung etc.).

6. Nächste Schritte

Abschließend werden nun ganz konkret die nächsten Aktivitäten und Schritte dargestellt bzw. vereinbart.

Diese Grobgliederung für Überzeugungspräsentationen stellt sicher, dass Ihre Argumente logisch aufeinander aufbauen, hilft Ihnen so bei der Vorbereitung und erleichtert den Zuhörern die Aufnahme. Abhängig von Ihrer konkreten Präsentation können die einzelnen Schritte modifiziert werden.

Tipp:
Zunächst nur
Überschriften

Formulieren Sie zunächst Überschriften/Stichworte für die jeweiligen Themenblöcke. Sind diese klar und aussagekräftig, ist der Inhalt viel leichter zu erstellen.

Beispiel

Gliederungspunkt	Frage	Überschrift/Stichwort
Thema/Türöffner/ Eisbrecher	Warum sind wir heute hier?	■ Unser Energieverbrauch – Energie, die uns teuer zu stehen kommt.
Ausgangslage/ Ist-Situation	Wie sieht die Ausgangslage aus? Was ist das Problem?	■ Steigende Energiepreise ■ Atmosphäre heizt sich auf
Negative Folgen	Was geschieht, wenn wir nicht handeln?	■ Abschmelzende Polkappen, steigender Meeresspiegel, Überschwemmung ■ Immer mehr Geld muss für Strom, Gas, Öl etc. ausgegeben werden
Zielbeschreibung	Wohin soll es gehen? Was ist das Wichtigste?	■ Energie sparen! ■ Erderwärmung reduzieren!
Vorschlag	Wie sehen die konkreten Lösungen aus?	■ Wärmedämmung ■ Energiesparende Elektrogeräte etc.
Positive Folgen	Was bringen uns die Lösungen?	■ Weniger Energieverbrauch, Kosteneinsparung ■ Effiziente Energieausnutzung, weniger Erderwärmung
Nächster Schritt	Was muss als nächstes geschehen?	■ Energieverbrauch erheben, Benchmark etc.
Schlussbotschaft	Was ist das Fazit?	■ Umweltschutz – der sich auszahlt!

Abb. 2.08: Beispiel Grobgliederung einer Überzeugungspräsentation

Wenn die Struktur des Hauptteils feststeht, haben Sie schon einen zentralen Punkt der Vorbereitung abgeschlossen. Nun gilt es, die verschiedenen Themenblöcke mit Inhalt zu füllen. Hierzu können Sie sich an den fünf Schritten der Inhaltsbearbeitung orientieren.

Fünf Schritte der Inhaltsbearbeitung

1. Inhalte sammeln

Zunächst ist alles zu sammeln, was für den Inhalt brauchbar erscheint. An Stoff sollte es in der Regel nicht mangeln. So liegen z.B. die Ergebnisse einer Projektarbeit häufig schon dokumentiert vor und bieten damit eine Fülle an Stoff. Auch die Internetrecherche (Suchmaschinen) führt meist zu einer großen Stoffmenge.

2. Inhalte auswählen

Nun müssen jene Fakten, Daten, Aussagen und Argumente ausgewählt werden, die am besten geeignet sind, die gesetzten Ziele in der verfügbaren Zeit zu erreichen. Die Orientierung an der verfügbaren Zeit hilft dabei, den Stoff auf das Wesentliche zu beschränken. Bei der Auswahl haben neue Informationen Vorrang vor den bereits bekannten Infos. Beachten Sie bitte bei Informationen, die aus dem Internet stammen, deren Verlässlichkeit und überprüfen Sie im Zweifel noch einmal Ihre Aussagen.

3. Inhalte zuordnen

Jetzt wird der ausgewählte Stoff auf die zuvor festgelegten Gliederungspunkte/Themenblöcke verteilt.

4. Inhalte gewichten

Da meist mehr Stoff zur Verfügung steht, als in der zur Verfügung stehenden Zeit präsentiert werden kann, muss der Stoff gewichtet werden, z.B.

  A = Kernaussagen, auf die nicht verzichtet werden kann

  B = Wichtige Aussagen, die das Thema abrunden

  C = Interessante Aussagen, die das Thema „würzen"

  D = Hintergrundmaterial, das der Absicherung dient.

Bei einer fünfminütigen Präsentation können nur Aussagen der Klasse A genutzt werden. Bei einer fünfzehnminütigen Präsentation können Aussagen der Klasse A und B verwendet werden. Informationen der Klassen C und D können ggf. in einer anschließenden Diskussion Verwendung finden.

5. Inhalte gestalten

Abschließend werden Informationen visuell gestaltet (Verwendung von Grafiken, Diagrammen) und der Einsatz von Medien festgelegt (siehe dazu die Kapitel 2.3 und 3.1.).

2.2.3 Der Schlussteil

Der Schlussteil einer Präsentation sollte idealerweise eine kurze Zusammenfassung der Ergebnisse/Kernaussagen beinhalten. Eventuell schließt sich eine Fragerunde bzw. Diskussion an, in der der Präsentator die Gelegenheit erhält, Unklarheiten auszuräumen und einzelne Aspekte seines Vortrags weiter zu vertiefen. Es wirkt professionell, wenn der Präsentator zur Vertiefung weitere Folien, Schaubilder und Diagramme nutzt, die in der eigentlichen Präsentation keine Verwendung gefunden haben. Schließlich sollte das weitere Vorgehen nach der Präsentation abgestimmt werden (Schlussappell, Aufforderung zum Nachdenken, Handeln etc.). Bitte vergessen Sie nicht, die Zuhörer zu verabschieden und ihnen für ihre Aufmerksamkeit/Mitarbeit zu danken.

Zur Ablaufplanung Ihrer Präsentation hilft Ihnen die Erstellung eines Drehbuchs, das die einzelnen Inhaltsbestandteile, Regiehinweise und die jeweiligen Zeitangaben enthält.

Beispiel

Inhalt	Regiehinweise	Zeit in min
1. Einleitung		*3,0*
Begrüßung		0,5
Anlass und Ziel	Flipchart	0,5
Ablauf/Überblick	Flipchart	1,0
Präsentatoren vorstellen		0,5
Hinweis zu Dauer, Pausen, Spielregeln	Flipchart	0,5
2. Hauptteil		*15,0*
Themenblock: Ausgangslage/IST-Situation	vorbereitete Folie	2,0
Themenblock: Negative Folgen, Probleme/Ursachen/Ziele	Flipchart	3,0
Themenblock: Lösungsvarianten/Verfahrensbeschreibungen	Pinnwand	5,0
Themenblock: Bewertung der Ergebnisse (positive Folgen) und nächste Schritte	Pinnwand; Beteiligungstechnik	5,0
3. Schlussteil		*2,0*
Zusammenfassung, weiteres Vorgehen, Verabschiedung		2,0
Gesamtzeit		*20,0*

Abb. 2.09: Beispiel für ein Drehbuch

2.3   Visualisierung

Es ist die Kraft, etwas aus dem Nichts entstehen zu lassen...

„Melissa, hast du diesen Satz schon einmal gehört oder gelesen?", fragte ich während unserer Bahnfahrt nach Berlin meine Patin. Was hatte ich nicht schon alles von ihr erfahren. Nutzen über Nutzen konnte ich daraus ableiten. Deshalb war ich natürlich auch jetzt wieder gespannt auf unser Gespräch während der Reise zu einem Kongress eines großen Verbands, der dazu in die Hauptstadt eingeladen hatte.

„Genauso habe ich mich bei vielen Vorträgen und Präsentationen gefühlt – aus dem Nichts etwas entstehen zu lassen! Wie schaffe ich es, meine Zuhörer für mein Anliegen zu begeistern?", versuchte ich es weiter. Melissa merkte mir mein großes Interesse am Thema an. Sie war gut drauf und bereit, auch heute wieder im Gespräch weitere Bausteine unseres Präsentationswürfels zusammenzutragen.

„Als du mir neulich davon erzähltest, du hättest die Absicht, das Ergebnis der „Organisation des Bereichs Hochbau" persönlich den Mitarbeitern des betroffenen Bereichs vorzustellen, kam mir ein eigenes Erlebnis in den Sinn", erinnerte sie sich.

Ich fiel ihr ins Wort: „Du, die sachlich kühle Beraterin und die Betroffenen, das stell ich mir als eines der letzten Abenteuer der Menschheit vor: Alle Berge sind bestiegen, alle Flüsse durchschwommen und alle Erdteile entdeckt – die direkt Betroffenen zu überzeugen, ist ein besonderes, vielleicht das letzte große Abenteuer."

Sie nickte mit dem Kopf: „Ich arbeitete damals bei einem Architekturbüro, das sich u.a. mit einem Wettbewerb für das Büro der Zukunft beschäftigte. Es gab zu dieser Zeit viel Aufregung um eine Dokumentation der Gewerkschaften, die sich mit der Problematik der richtigen Büroform beschäftigte. Die Wellen unter den Mitarbeitern schlugen landauf und landab hoch. Zumal in unserer Bankencity gerade wieder einmal mehrere Hochhäuser im Bau waren, die alle mit sogenannten Kombi-Büros ausgestattet werden sollten. Wir erhielten die Aufgabe, mit Vertretern der einzelnen Bereiche über diese neue Form der räumlichen Gestaltung von Verwaltungen zu diskutieren. Ziel sollte eine neutrale und emotionsfreie Information über die organisatorischen Vorteile sein.

Wie konnten wir Ergebnisse einer Studie über die Wirkung von Raumformen auf die Effektivität und Effizienz der Mitarbeiter aufbereiten und darstellen? Es sollte ein einprägsames und zugleich diskussionsförderndes Element sein.

Einige der Teilnehmer hatten eigene Erfahrungen, andere waren geprägt durch Informationen von Dritten. Fast alle Meinungen waren bereits im Vorfeld negativ formuliert und festgefahren."

Nach einer kurzen Überlegung fragte Melissa mich direkt: „Kennst du eigentlich Murphy?"

Murphys Gesetz der Thermo-dynamik: Unter Druck verschlimmern sich die Dinge.
Edward Aloysius Murphy 1918-1990 amerikanischer Air-Force-Ingenieur

„Ich kenne Morphium, aber nicht den Erfinder, nach dem das Zeug benannt wurde", erwiderte ich launisch. Ich ließ mich nicht gern dabei erwischen, dass ich weniger wusste als mein Gesprächspartner. Später konnte ich über Wikipedia erfahren, dass Murphy ein amerikanischer Ingenieur war und die Lebensweisheit „Alles, was schiefgehen kann, wird auch schiefgehen", geprägt hatte.

„Unwissenheit zuzugeben, fällt jedem schwer", feixte Melissa und fuhr fort, „aber nun mal konkret. Ich bin jemand, der ein erkanntes Problem zu beseitigen versucht und verzweifelt, wenn er nicht umgehend eine passende Lösung findet. Lösungsorientierung ist hilfreich. Es darf nur keine Auswirkungen auf meine Nachtruhe haben. Kaffee, Cola, aufregende Filme und bevorstehende Präsentationen hatten bei mir in der Vergangenheit in etwa gleiche Auswirkungen: ich konnte nachts nicht schlafen. Wenn ich noch keinen gelungen Start in meine Präsentation des nächsten Tages entwickelt hatte, erhöhte sich der Druck Stunde um Stunde. Durch heftigeres und intensiveres Nachdenken beantwortete ich kaum meine Frage, blieb aber dafür erfolgreich wach. So auch vor der oben geschilderten Veranstaltung zum Thema der richtigen Raumform. Wie gestalte ich den Beginn der Veranstaltung? Welchen Eindruck erzeuge ich gleich am Anfang unseres Treffens? Mit welchen einprägsamen Bildern konnte die Situation seriös und doch aussagekräftig dargestellt werden?" Melissa Blum war wieder in ihrem Element.

„Diese Fragen ließen mich nicht einschlafen. Je weiter die Nacht voranschritt, umso größer wurde der Druck, schlafen zu müssen bzw. Antworten zu finden. Abschalten, aber wie? Ich griff zur Fernbedienung und zappte durchs Nachtprogramm. Aufmerksamkeit erzeugte neben dem „atemberaubenden" Bericht über die schönsten Eisenbahnstrecken der Welt – wer interessiert sich eigentlich nachts für so etwas Langweiliges – eine Magazinsendung vom Tag vorher."

„Nun verrate schon, was war es für ein Nachtprogramm?", fragte ich süffisant.

„Es war eine Wiederholung mit dem Titel: ‚Ein Königreich für einen Sichtschutz!'

Das war's, ich hatte meinen Einstieg. Der Bericht stellte eine Firma vor, die u.a. Material für die neuen Glaswände der Kombi-Büros erzeugte. Sie erfüllten optische und akustische Zwecke und verhinderten ein Zuviel an visueller Ablenkung bzw. ein Übermaß an Lärm. Ich hatte meinen Eingangssatz für die Präsentation: ‚Ein Königreich für einen Sichtschutz!', erzählte sie voller Stolz.

„Das war aber immer noch keine Sternstunde der Präsentation, oder?", hakte ich nach.

Melissa war nicht zu provozieren und schon gar nicht zu unterbrechen. „Nun, ich hatte gelernt, die richtige Visualisierung einzusetzen bedeutet, etwas so darzustellen, dass es Aufmerksamkeit erregt, ein Thema veranschaulicht und Ideen erfahrbar macht. ‚Ein Königreich für einen Sichtschutz!' In meiner Schublade, die ich immer schon einmal aufräumen wollte, aber zum Glück nie dazu gekommen war, entdeckte ich eine kleine Dose mit alten Briefmarken. Eine davon zeigte die englische Queen. Nach kurzer Überlegung, ob die Thronbesteigung der Queen oder die Erfindung der Briefmarke länger zurücklagen, war meine Idee geboren." Sie war jetzt ja geradezu humorvoll!

Ergreifen und begreifen = Nachhaltigkeit

„Schnell hatte ich am nächsten Morgen helfende Hände gefunden, die mit mir gemeinsam 30 kleine Wände aus Pappe ausschnitten und den Kopf von Elisabeth II von der Briefmarke ausschnitten und dann auf die kleine Pappe klebten. Der Raum zur Präsentation wurde ergänzt mit den kleinen Stellwänden, so dass jeder Teilnehmer ein solches Element in die Hand bekam und mir direkt in meinem Vortrag unter dem Motto ‚Ein Königreich für einen Sichtschutz!' folgen konnte", resümierte Melissa Blum. „Ich erzähle dir dass nur, damit du siehst, es müssen nicht immer Diagramme und Schaubilder sein. Aber auch bei deren Gestaltung gibt es einiges zu beachten. Doch dazu später mehr.

„Ach, übrigens, was du dir noch merken solltest:

Erstens, sei bei deinen Visualisierungen einfallsreich

Zweitens, denke dabei aber auch an deine Adressaten

Drittens, emotional geht vor rational, denn Murphy kommt immer wieder

Viertens, gib dein Bestes und alles wird gut",

sagte es und ward entschwunden.

Visualisierung

Visuelle
Gewohnheiten
der Adressaten
beachten

Visualisieren heißt, etwas optisch so zu betonen und herauszustellen, dass es Aufmerksamkeit erregt. Zum Beispiel wird eine Aussage durch Fotos, Zeichnungen oder andere grafische Darstellungen veranschaulicht. Durch eine Visualisierung, z.B. durch die Verwendung eines Diagramms, sollen Inhalte leichter verständlich und einfacher vermittelt werden. Darüber hinaus werden so bestimmte Aussagen im Gedächtnis der Adressaten besser verankert. Beachten Sie bei der Visualisierung ebenfalls Ihre Präsentationsziele und die jeweiligen Zuhörer. Ihre optische Darstellung sollte den visuellen Gewohnheiten der Adressaten angepasst sein.

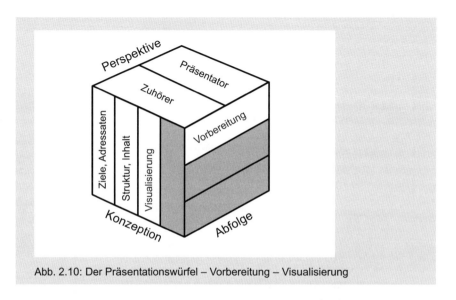

Abb. 2.10: Der Präsentationswürfel – Vorbereitung – Visualisierung

2.3.1 Visualisierungselemente

Grundsätzlich können zur Visualisierung folgende Elemente eingesetzt werden:

- Texte
- Tabellen
- Schaubilder/Diagramme
- Bilder/Fotos und
- Farben.

Texte

Gegenüber dem gesprochenen Wort ist bereits ein geschriebener Text eine Visualisierung, die gewisse Vorteile beinhaltet:

Visualisierung: Texte

- Er ist lagerfähig und jederzeit nachzuprüfen
- Er entlastet das Gedächtnis
- Er lässt sich schwarz auf weiß nach Hause tragen.

Wie wirkt folgende Abbildung auf Sie?

Präsentation mit Folien

Ach nein...! Wie fühlen Sie sich beim Anblick dieser Seite? Ohne den Inhalt zu kennen, denn Sie könnten ja in diesem Text eine Botschaft vorfinden, welche Ihr Leben nachhaltig verändert, verspüren Sie keine große Lust, den Text zu lesen. Andererseits wollen Sie ja lernen und psychologische Fragestellungen interessieren Sie prinzipiell schon.

Das Entstehen von Gefühlen ist ganz entscheidend von dem Grad der Aufmerksamkeit abhängig. Der menschliche Körper nimmt über seine Sinneskanäle (Augen, Ohren, Nase, Haut) nämlich bei Weitem nicht alle Reize auf, die sich in der unmittelbaren Umgebung befinden.

Man spricht in diesem Zusammenhang von einer selektiven Wahrnehmung. Dies macht sich die Werbebranche beispielsweise zu Nutzen. Seiten wie diese mit viel Text wird man dort kaum finden, weil in Zeiten der Informationsüberflutung eine solche Aufmachung überhaupt nicht aktiviert.

Bilder mit Babys oder jungen Paaren lösen dagegen bei den meisten Menschen eine weit größere Aufmerksamkeit aus.

Abb. 2.11: Visualisierung mit Texten

Bei der Gestaltung eines Textes sind einige Regeln zu beachten:

- Texte wirken einprägsamer, wenn sie strukturiert sind (z.B. durch Absätze und Aufzählungszeichen)
- Verwenden Sie einen ausreichenden Zeilenabstand (damit der Text lesbar ist, mindestens doppelter Zeilenabstand bei Folien)
- Achten Sie darauf, dass Ihr Flipchart- oder Pinnwandanschrieb lesbar ist.

Um Wichtiges im Text hervorzuheben, können Sie diesen

- farbig unterlegen
- die Schriftfarbe wechseln
- in GROSSBUCHSTABEN schreiben
- eine andere Strichstärke (**fett**) wählen
- eine andere Schriftart (*kursiv*) wählen
- durch <u>Unterstreichen</u> hervorheben
- durch Einrahmungen betonen.

Tipp

Im Allgemeinen haben Fettschrift und ein Wechsel der Schriftfarbe die größte Wirkung.

Bitte keine Vorlesestunde!

Verwenden Sie einfache Formulierungen und beschränken Sie sich idealerweise nur auf stichwortartige Kernaussagen. Somit wird sichergestellt, dass der Text nicht von Ihnen vorgelesen wird, was auf die Zuhörer eher langweilig wirkt. Darüber hinaus wird das Publikum auch nicht dadurch abgelenkt, dass es Ihren Text liest und nicht mehr Ihren Ausführungen folgt. Die Stichworte auf Ihrer Flipchart oder Folie ermöglichen es Ihnen, frei zu sprechen (wirkt lebendig und authentisch), und bieten Gewähr, dass Sie leichter in Ihre Präsentation zurückfinden, wenn Sie einmal den Faden verlieren, da Sie sich von Stichwort zu Stichwort „weiter hangeln" können.

Tabellen

Visualisierung: Tabellen

Zahlenreihen und -kolonnen wirken noch abstrakter als Texte. Deshalb müssen sie umso mehr für das Auge aufbereitet werden. Wenn zahlenmäßige Beziehungen zwischen zwei und mehr Größen übersichtlich darzustellen sind, dann bietet sich die Tabelle an.

Bei der Verwendung von Tabellen ist darauf zu achten, dass

- ein Titel verwendet wird, der den Tabelleninhalt möglichst klar benennt
- Kopfzeile und ggf. Vorspalte stärker umrandet bzw. der entsprechende Text optisch betont (z.B. fett) ist
- die Anzahl der Zeilen und Spalten nicht zu groß ist
- die Beschriftungen klar und leserlich sind, um Fehlinterpretationen vorzubeugen.

Entwicklung des Elefantenbestands in Kenia (1970 - 2010)	
Jahr	Anzahl
1970	150.000
1990	10.000
2010	35.000

Abb. 2.12: Visualisierung mit Tabellen

Schaubilder/Diagramme

Umfangreiche Tabellen sind für das Auge oft unübersichtlich. Hier bietet sich die Verwendung eines Diagramms an, das den Inhalt überschaubarer und weniger abstrakt abbildet. Mit Hilfe von Zahlen, Symbolen und ergänzenden Texten stellt ein Diagramm zahlenmäßige Abhängigkeiten zwischen verschiedenen Größen und Entwicklungen grafisch als Schaubild dar.

Visualisierung: Schaubilder/ Diagramme

Die gebräuchlichsten Diagramme und Schaubilder sind

- Säulen- und Balkendiagramme
- Kreis- oder Tortendiagramme
- Linien- oder Kurvendiagramme
- Strukturbilder und Bildzeichen.

Säulen- und Balkendiagramme eignen sich besonders gut, um verschiedene Größenverhältnisse (z.B. Mengen) über einen bestimmten Zeitraum miteinander zu vergleichen.

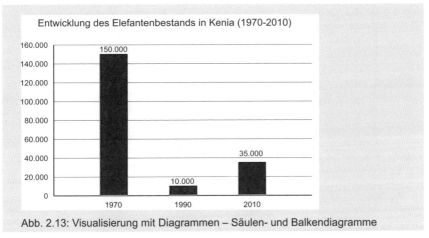

Abb. 2.13: Visualisierung mit Diagrammen – Säulen- und Balkendiagramme

Kreis- oder Tortendiagramme sind besonders gut geeignet, um prozentuale Verteilungen (relative Anteile am Ganzen) abzubilden.

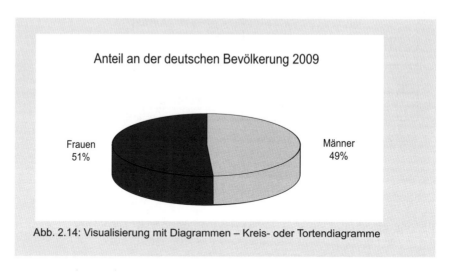

Abb. 2.14: Visualisierung mit Diagrammen – Kreis- oder Tortendiagramme

Linien- oder Kurvendiagramme bilden besonders gut Veränderungen/Entwicklungen innerhalb einer bestimmten Zeitspanne ab. Sie werden auch dann verwendet, wenn das Diagramm anstelle exakter Werte einen Trend aufzeigen soll.

Beispiel:
Meilenstein-
trendanalyse

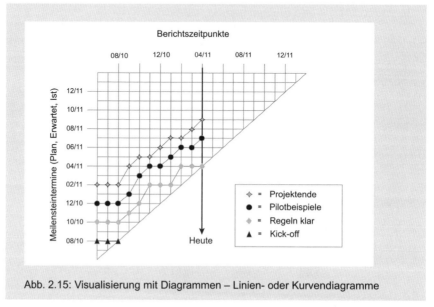

Abb. 2.15: Visualisierung mit Diagrammen – Linien- oder Kurvendiagramme

Strukturbilder bieten eine gute Möglichkeit, Über- bzw. Unterordungen darzustellen (z.B. Organigramm, Projektstrukturplan, Mindmap).

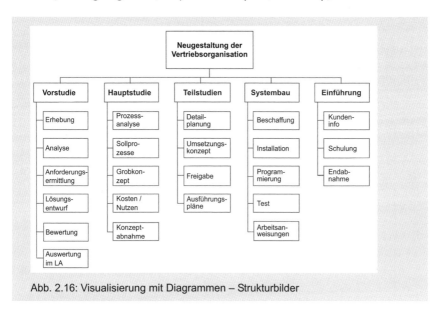

Abb. 2.16: Visualisierung mit Diagrammen – Strukturbilder

Bildzeichen machen vor allem Größen- und Mengenvergleiche „auf einen Blick"
leicht erkennbar.

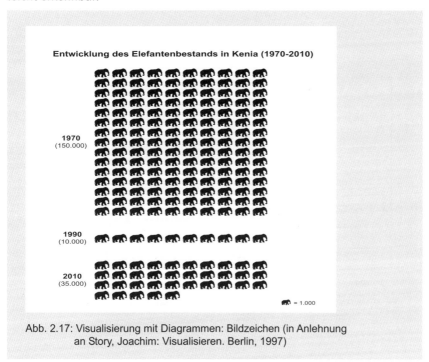

Abb. 2.17: Visualisierung mit Diagrammen: Bildzeichen (in Anlehnung
an Story, Joachim: Visualisieren. Berlin, 1997)

Tipp

Ihr Schaubild sollte für den Betrachter möglichst schnell verständlich sein, damit es seinen Zweck erfüllt. Generell gilt, dass zweidimensionale Darstellungen leichter verstehbar sind als dreidimensionale Abbildungen.

Bedenken Sie, dass mit einem Schaubild auch eine bestimmte Interpretation eines Sachverhalts betont werden kann. Im Negativfall kann man hier auch von Manipulation sprechen.

Beispiel:
Interpretation
durch Auswahl

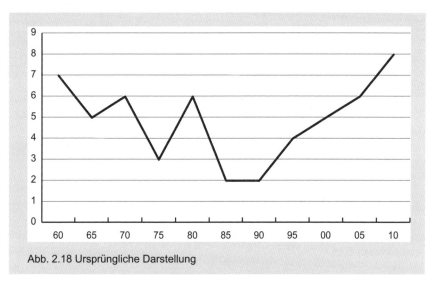

Abb. 2.18 Ursprüngliche Darstellung

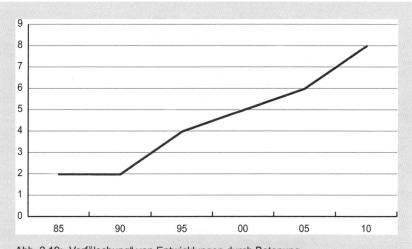

Abb. 2.19: „Verfälschung" von Entwicklungen durch Betonung (Beschränkung, Auswahl) eines positiven Abschnitts

Bilder/Fotos

Die Verwendung von Bildern (auch Zeichnungen, Piktogramme, Karikaturen) und Fotos dient insbesondere dazu, bei dem Betrachter Gefühle hervorzurufen.

Visualisierung: Fotos

Die Darstellung des Elefantenbestands in Kenia (siehe oben) unter Verwendung von Bildzeichen ist sicherlich emotionaler als die Darstellung als Säulendiagramm und Tabelle.

Darüber hinaus lockern Bilder eine Präsentation auf und erhöhen die Erinnerungs- und Merkfähigkeit beim Publikum. Achten Sie jedoch darauf, dass die verwendeten Bilder von guter Qualität sind und setzen Sie diese wohldosiert, d.h. nicht übermäßig ein.

Bilder können Gefühle auslösen

Abb. 2.20: Visualisierung mit Fotos

Farben

Farben wirken unmittelbar auf Instinkte und Affekte, ihnen werden Assoziationen mit unterschiedlichen Empfindungen zugeschrieben.

Farben
wirken auf
Instinkte

Farbe	Temperatur- und Distanzwirkung	Psychische Stimmung
gelb	warm nahe	anregend
orange	sehr warm sehr nahe	anregend
rot	heiß nahe	anregend/agressiv aufreizend beunruhigend/warnend
violett	kalt sehr nahe	würdevoll/stattlich beruhigend
blau	kalt entfernt	stabil/treu beruhigend
grün	kalt bis neutral	sehr beruhigend natürlich/gelassen

Hinweis

Verwenden Sie nicht zu viele Farben! Gleiche Sachverhalte sollten mit den gleichen Farben abgebildet werden.

- Schwarz und Blau sind die üblichen Schriftfarben.
- Rot, aber auch Orange und Gelb sind Hinweisfarben.
- Grün eignet sich gut zur Strukturierung als Rahmenfarbe.

Darüber hinaus ist bei der Farbgestaltung von Präsentationen auch das Corporate Design zu berücksichtigen.

Visualisierungssoftware

Es gibt eine große Anzahl von Visualisierungssoftware, die Sie nutzen können, um die oben beschriebenen Visualisierungselemente zu erstellen. Wir wollen hier nur einige der bekanntesten Tools erwähnen.

Office-
Anwendungen

Die Programme aus Microsoft Office bieten vielfältige Visualisierungsmöglichkeiten. Mit der Textverarbeitung Microsoft Word können gut Texte und Tabellen formatiert werden. Die Tabellenkalkulationssoftware Microsoft

Excel bietet u.a. die Möglichkeit, aus Berechnungen und Statistiken alle Arten von Kreis-, Säulen- oder Kurvendiagramme zu erstellen.

Microsoft Powerpoint ist das Standardprogramm bei Präsentationssoftware geworden. Mit Hilfe dieser Software können sogenannte Folien erzeugt werden, die mit Hilfe eines Beamers projiziert werden. Auf diesen Folien können Texte, Bilder, Grafiken, Töne und Animationen miteinander kombiniert werden. Zur Gestaltung dieser Folien sei auf die in diesem Kapitel gemachten Aussagen zu den Visualisierungselementen verwiesen. Tipps und Hinweise zur Durchführung einer Notebook/Beamerpräsentation finden Sie in Kapitel 3.1. Zur eher technischen Verwendung dieses Tool existiert bereits eine Vielzahl von Literatur (siehe Literaturverzeichnis).

OpenOffice.org ist eine Freeware-Alternative zu Microsoft Office und stellt u.a. die Programme Writer (Textverarbeitung), Calc (Tabellenkalkulation) und Impress (Präsentation) zur Verfügung.

Mit Hilfe von Mind-Mapping-Software können nicht nur Mindmaps, sondern auch Ursache-Wirkungsdiagramme (z.B. Ishikawa- oder Fischgrätdiagramm), Flussdiagramme, Organigramme oder auch grafische Projektstrukturpläne erzeugt werden. Diese Darstellungen sind im Businessbereich häufig vertreten. *Mapping-Tools*

Bekannte Tools sind beispielsweise MindManager der Firma Mindjet oder auch die Software FreeMind (Freeware).

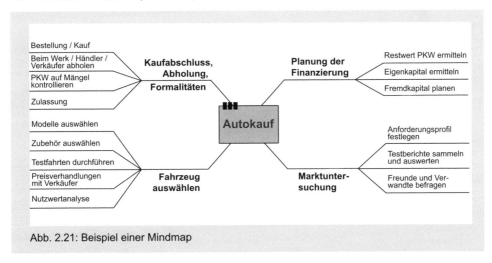

Abb. 2.21: Beispiel einer Mindmap

Mit Microsoft Visio lassen sich ebenfalls vielfältige Flussdiagramme, Ursache-Wirkungsdiagramme, Mindmaps, Organigramme usw. erstellen. Diese Software wird z.B. auch zur Prozessvisualisierung genutzt. In diesem speziellen Bereich kommen aber auch andere Tools zum Einsatz, z.B. ARIS (Software AG) oder ibo-Prometheus (ibo Software GmbH). *Weitere Spezial-Software für Business-grafiken*

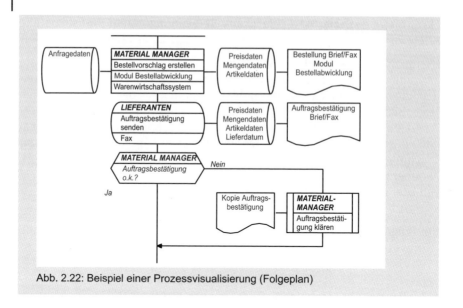

Abb. 2.22: Beispiel einer Prozessvisualisierung (Folgeplan)

Projekt-
management-
Software

Schließlich seien noch die Projektmanagement-Tools erwähnt, mit deren Hilfe z.B. Gantt-Diagramme und Netzpläne erstellt werden können. Das bekannteste Programm in dieser Kategorie ist Microsoft Project. Aber auch hier gibt es eine große Anzahl von weiteren Tools, die entsprechende Visualisierungsmöglichkeiten bereithalten, z.B. ibo netProject oder auch das Freewaretool GanttProject.

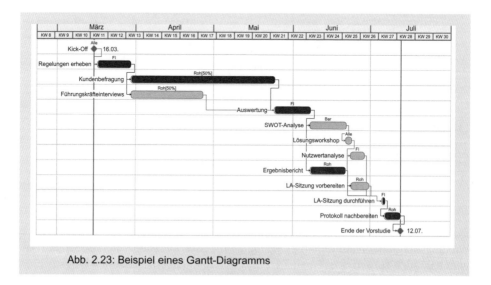

Abb. 2.23: Beispiel eines Gantt-Diagramms

3   Durchführung

Das Wesentliche vorweg:

Mit Hilfe dieses Buchs werden Sie nun einige grundlegende Hinweise zur Durchführung einer Präsentation erhalten. Der wichtigste Tipp aber lautet: **Übung macht den Meister**

> Sie sollten Ihre Präsentation vorher einüben. Nichts hilft Ihnen mehr als Übung, Übung und nochmals Übung.

Sie können Tipps gegen Lampenfieber lesen (siehe Kapitel 3.2), aber schließlich müssen Sie einmal vor eine Gruppe von Zuhörern treten und Lampenfieber auch erleben. Wenn Sie ein „Präsentationsneuling" sind, dann lassen Sie sich auch ein Feedback geben. Idealerweise üben Sie Ihre Präsentation vor einem Kollegen bzw. einer Kollegin mit Fachkenntnis, die Ihnen zu den Präsentationsinhalten eine Rückmeldung geben kann. Darüber hinaus sollten Sie auch vor einem fachfremden Zuhörer Ihre Präsentation durchführen, der dann mehr auf Ihre Stimme und Körpersprache achtet. Sehr hilfreich ist es auch, wenn Sie Ihre Präsentation als Film/Video aufzeichnen lassen und ihn sich dann später ansehen. So können Sie z.B. unbewusste Verhaltensweisen gut erkennen und zukünftig beeinflussen. **Tipps**

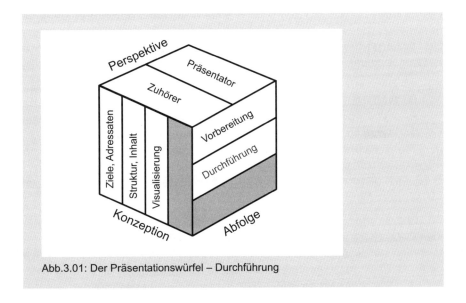

Abb.3.01: Der Präsentationswürfel – Durchführung

Bei der Durchführung einer Präsentation achten die Zuhörer besonders auch auf den Umgang mit den eingesetzten Medien und das Auftreten des Präsentators. Beides muss deshalb bereits in der Konzeptionsphase vorbereitet werden.

3.1 Medien

Entschlossenheit im Unglück ist immer der halbe Weg zur Rettung...

„Von wem stammt denn dieser schlaue Spruch?", fragte ich.

„Dieses Zitat von Hans A. Pestalozzi soll dir Mut machen, auch in scheinbar aussichtslosen Situationen nicht aufzugeben. Deine Sorge, dich unglücklich zu verhalten, kann ich gut nachvollziehen", fuhr Melissa warmherzig fort. Ich sah sie wohl etwas verwundert an. Hatte ich einen solch hilflosen Eindruck bei ihr hinterlassen oder wusste sie schon von meinem Erlebnis am vergangenen Montag?

„Kennst Du das Gefühl, Problem und Lösung gleichzeitig zu sein", begann ich zu erzählen und Melissa schenkte mir dabei ihre ganze Aufmerksamkeit. „Es ging um die Präsentation zur Bank 2020 anlässlich der Eröffnung einer Bank in Süddeutschland, die von Dr. Kandert, unserem Geschäftsführer, durchgeführt werden sollte. Da er aus München direkt anreisen wollte, brachte ich die Präsentation und alle weiteren Unterlagen mit und sollte ihm assistieren. Als ich frühmorgens von zu Hause losfuhr, war noch alles in Ordnung. Etwa zwei Stunden kam ich gut voran. Dann passierte es auf der Autobahn. Ich glaube, auf dem einzigen Abschnitt, der noch zweispurig und ohne Standstreifen ausgestattet ist. Ich war zum ersten Male in meinem Autofahrerleben die Spitze eines Staus. Der Wagen war während der Fahrt einfach ausgegangen. Und da auf der linken Spur gebaut wurde, stand hinter mir alles still und vor mir war absolute Ruhe.

„Glaub mir, du hast schon viel getan, wenn du Geduld gewöhnst dir an."
Johann Wolfgang von Goethe
1749-1832

Nun, diese Situation war relativ schnell wieder geklärt. Nachdem ich mich einmal im Radio in den Verkehrsmeldungen gehört hatte, gefiel es meinem Wagen wieder anzuspringen und weiterzufahren, als sei nichts geschehen. Dieser Satz, Problem und Lösung gleichzeitig zu sein, bestimmte meine folgenden Tageserlebnisse bis zum Ende. Bei unserem Kunden angekommen, musste dann alles Weitere schnell geschehen. Natürlich hatte ich viel Zeit verloren und konnte nun nicht lange ausprobieren, ob die Präsentation funktionierte oder nicht.

Tatsächlich verlief die Veranstaltung wie zu befürchten war. Die Teilnehmer nahmen Platz, als ich gerade mein Notebook auspackte. Mit nervösen Fingern hantierte ich am Beamer und an den Anschlüssen. Nach mehreren Anläufen hatte ich die Verbindung hergestellt. Ich wusste noch, dass auf meinem Notebook ein spezielles Programm für die Präsentation mit dem Beamer vorhanden war. Nichts ging über F4 oder F5 oder über F-Sonst-noch-was! Aber wie fand ich das Präsentationsprogramm? Ich suchte und suchte in allen möglichen Ordnern. Nach einiger Zeit bemerkte ich eine gewisse fröhliche Unruhe im Raum." Melissa schien förmlich fasziniert von meinem Erlebnisbericht.

„Als ich nach vorn blickte, sah ich meinen Bildschirminhalt bereits auf die Leinwand projiziert. Das war ja eigentlich erfreulich. Wäre da nicht die Tatsache gewesen, dass ich erst neulich ein Urlaubsfoto als Desktop-Hintergrund gespeichert hatte. Das Bild zeigte mich und meine Freundin in Badebekleidung am Strand. In der anwesenden Männerrunde führte dies zu entsprechenden Kommentaren...".

Melissa kommentierte: *„An den Ausspruch über Geduld konntest du dich hoffentlich erinnern und hast versucht, die Situation zu retten. Es funktionierte sicherlich wie zuvor auf der Autobahn. Ruhig bleiben, nicht nervös werden und das tun, was getan werden muss. Es hilft."*

„Du hast Recht, die Präsentation lief gut und alle waren zufrieden," gab ich zu.

„Ich weiß von Dir," wandte sich Melissa mir zu, *„...dass du im Umgang mit dem Computer viel Erfahrung hast. Deine Fragen an mich betreffen sonst ja mehr Präsentationsinhalte. Dieses Mal werden wir weiter an unserem Würfel arbeiten, ein weiteres Stichwort kommt unter dem Merkmal Konzeption dazu: die Medien. Ich möchte dich präventiv darauf aufmerksam machen, welche Überraschungen du alle erleben kannst – und wirst. Deshalb kann ich dir nur den guten Rat geben, nicht nur früh genug am Vortragsort zu sein, sondern auch alle Details zu prüfen."*

„Überlasse nichts dem Zufall – sonst bist Du dem Zufall überlassen", führte Melissa weiter aus.

„Dazu muss ich dir unbedingt von einer meiner aufregendsten Präsentationen berichten. Wir, Ralf, mein damaliger Projektmitarbeiter und ich, waren in einer ländlichen Umgebung bei einer Firma tätig, die mit ihren Mitarbeitern Küchen für Versandhäuser fertigte. Der Werbeslogan lautete ‚Kohlmeiers Küchen für Europas Frauen!' Wir fanden das alles ein wenig einseitig und großmundig angelegt, aber wer damit glücklich wird...

Unsere Aufgabe war es ein neues Konzept für den Außendienst zu erstellen," fuhr sie erklärend fort. *„Wir hatten den Eindruck, die ländliche Umgebung des Firmensitzes wirke sich auch auf die Psyche der Verkäufer aus. ‚...für Europas Frauen' – Anspruch und Wirklichkeit schienen sich hier zu widersprechen. Konservative Einstellung und Einrichtung prägten das Haus und das Führungsverhalten."*

‚Wir sind etwas spät dran. Würden Sie uns bitte sagen, wo die Besprechung mit der Geschäftsleitung stattfindet?' waren meine ersten Worte, zur Antwort bekamen wir: ‚Im Raum Hubertus, in der 2. Etage.' Nun kann man seine Besprechungsräume ja nennen wie man will. Ungewöhnlich war die Raumbezeichnung schon.

Ich hätte eigentlich wissen können, was mich dort erwartete. Ralf und ich waren ausgestattet mit Metaplan-Papier und vorbereiteten Flipcharts. Es sollte eine Arbeitspräsentation werden, in der wir unsere Ideen nach und nach mit diesen Medien entwickeln wollten. Wände zum Befestigen des Materials gab es doch sicherlich. Jeder Raum hat in der Regel mindestens zwei Wände, die nicht durch Fenster oder Türen unterbrochen waren. Also müsste es reichen, wenn wir unsere Charts mit Klebebändern befestigen würden. Wie erwähnt, wir waren ziemlich spät angekommen und wollten ungern in Anwesenheit der Geschäftsführung mit unserem Papier und Klebeband hantieren. Es sollte doch gut vorbereitet sein.

Außer Atem erreichten wir die 2. Etage und standen vor dem Raum ‚Hubertus‘. Kennst du auch das Gefühl, das alles auf einmal auf dich einzustürzen scheint? Bei mir verhielt es sich so, in dem Augenblick als ich die Tür zu unserem Besprechungsraum öffnete. Ich stieß einen lauten Schrei aus.

„Die Über-
raschung und die
Verwunderung
sind der Anfang
des Begreifens."
José Ortega
y Gasset
1883-1955
spanischer
Philosoph

Selten war ich so erschrocken gewesen, wie in dem Augenblick, als ich den Raum betrat und neben der Tür einem echtem Elchskopf gegenüber stand. So groß konnte ein Elch sein. Unglaublich. Ich kenne diese Tiere nur von Fotos aus Urlaubsprospekten. Nun stand leibhaftig eines davon vor mir und schien mir den Zugang zum Raum zu versperren. Natürlich hatte ich mich relativ schnell gefangen, fehlte dem armen Tier doch der Rest hinter seinem Kopf. Trotzdem es war zunächst ein Schock. Als wir uns dann etwas beruhigt hatten, nahmen wir den gesamten Raum in Augenschein. Ringsherum an den Wänden hingen Jagdtrophäen und Gemälde erfolgreicher Treibjagden. Völlig abwegig hier an irgendeiner Stelle Metaplanpapier aufzuhängen."

„Ihr hättet es ja auf die Hirschgeweihe spießen können!", schlug ich lachend vor.

„Ihr hättet es ja auf die Hirschgeweihe spießen können!", echote sie mit einem leichten Anflug von Bitterkeit, „lustig, aber nicht wirklich hilfreich. Wir hätten den Zorn der Geschäftsleitung und damit eventl. auch den von ‚...von Europas Frauen!' auf uns gezogen. Ich kann dir nur noch berichten, dass die gesamte Präsentation in diesem Stil ablief", fasste sie das Erlebte zusammen. „Ländlich, deftig, rustikal, eben mit plattdeutschem Charme."

Die Klinke in der Hand, sagte sie: „Versuche immer, folgende Ratschläge zu berücksichtigen:

Erstens, nutze Back-up Medien und sei auf Notfälle vorbereitet.

Zweitens, versuche herauszubekommen, welche alternativen Medien beim Kunden funktionieren.

Drittens, bewahre Ruhe und gib erst auf, wenn du alle Möglichkeiten ausprobiert hast, bereite dich durch Voranfrage auf möglichst viele Eventualitäten vor.

Viertens, gib dein Bestes und alles wird gut."

Die letzten Silben kamen noch gerade vor bei mir an, bevor sie die Tür schloss.

Medien

Die Entscheidung für eine bestimmte Visualisierung bedingt häufig auch die Wahl eines geeigneten Mediums. Haben Sie z.B. ein Säulendiagramm erstellt, so liegt es nahe, diese Visualisierung nicht mit einem Flipchart, sondern mit einem Overhead oder Beamer zu präsentieren.

Visualisierung beeinflusst Medienwahl

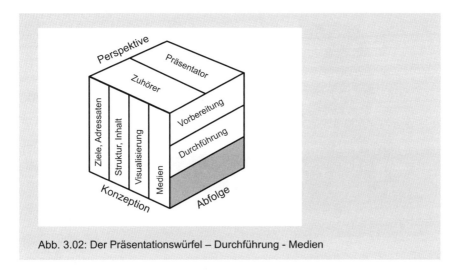

Abb. 3.02: Der Präsentationswürfel – Durchführung - Medien

Medien können den Präsentator entlasten und ihm helfen, den Redeaufwand zu verkürzen. Sie sprechen die Sinne der Zuhörer an und helfen, sich zu orientieren, den Inhalt aufzunehmen und Zusammenhänge zu erkennen. Mit Hilfe eines Mediums werden Ohr und Auge der Adressaten gleichzeitig angesprochen und somit die Gedächtniswirkung verstärkt. Das eingesetzte Medium soll aber keine Bürde für den Präsentator sein. Verwenden Sie nur Medien, mit deren Handhabung Sie vertraut sind und die Ihnen liegen (siehe Checkliste Medien und Arbeitsmittel).

Vertraute Medien einsetzen

Die wichtigsten Medien in einer Präsentation sind heutzutage

- Flipchart
- Pinnwand
- Overhead
- Notebook/Beamer-Präsentation.

3.1.1 Das Flipchart

Abb. 3.03: Flipchart

Der Maxi-Schreibblock, allgemein Flipchart genannt, hat sich als Medium für visuelle Darstellungen seit langem bewährt. Auf Gestellen (Standfestigkeit und Höheneinstellung prüfen) oder an Wandhalterungen befestigt und einfach zu handhaben, werden Flipcharts u.a. in Lehrveranstaltungen, bei Besprechungen und besonders auch bei Vorträgen und in Präsentationen vielseitig verwendet. Dabei werden sie oft ergänzend zu anderen Medien eingesetzt.

Regeln für die Benutzung einer Flipchart:

- Achten Sie auf eine lesbare Handschrift und eine der Raumtiefe angemessene Schriftgröße
- Überschrift/Titel nicht vergessen
- Die Darstellung nicht überladen, sondern großflächig und übersichtlich gestalten
- Ggf. leere Zwischenblätter einfügen, um das nächste vorbereitete Blatt zu verdecken und Platz für spontane Visualisierungen bereitzuhalten
- Was korrigiert werden soll, einfach mit Blankopapier überkleben
- Die Standfestigkeit und Höhe des Flipchartständers prüfen
- Ausreichende Anzahl Flipchartblätter und Schreibstifte bereithalten (vorher testen!)
- Wenden Sie sich dem Publikum und nicht dem Flipchart zu (nicht vor, sondern seitlich neben dem Flipchart stehen)
- Beim Schreiben und geräuschvollen Umblättern der Bögen schweigen; erst weiterreden, wenn wieder Blickkontakt zum Publikum möglich ist (Merke: T – T – T für „Touch – Turn – Talk")
- Soll ein Anschrieb dauerhaft visualisiert bleiben (z.B. Agenda), den Bogen abnehmen und an die Pinnwand heften bzw. an die Wand kleben.

Die Flipchart eignet sich besonders

- für „wachsende" Visualisierungen – von der einfachen zur komplexen Darstellung. Dies wirkt auch immer lebendig und interessant für das Publikum. Ggf. zeichnen Sie mit dünnem Bleistift Ihre Visualisierung vor. Dies ist für die Teilnehmer nicht sichtbar.
- Darüber hinaus können Sie mit der Flipchart gut Zwischenfragen und Beiträge der Teilnehmer spontan und für alle erkennbar festhalten. Sie können Flipchartbögen aber auch im Vorfeld vorbereiten und für einen späteren Einsatz archivieren. Für den Transport sind eigens Flipchart-Köcher erhältlich.

3.1.2 Die Pinnwand

Abb. 3.04: Pinnwand

Neben den meist fest installierten Schreib- und Hafttafeln werden die als Pinnwand oder auch Metaplan- und Moderationswand bezeichneten transportablen Steckwände eingesetzt.

Mit Papierbögen (Brown-Paper) bespannt, eignen sich die – für den stationären Einsatz einteiligen, für den mobilen Einsatz klappbaren – Pinnwände sehr gut für großflächige Darstellungen in Seminaren, Workshops und Präsentationen. Dieses Medium leistet besonders gute Dienste, wenn Ideen oder Probleme mit Beteiligung des Publikums gesammelt und gemeinsam weiter bearbeitet werden.

Für die Visualisierung genügen hier wenige bewährte Elemente aus rechteckigen, runden, ovalen und wolkenförmigen (Moderations-) Karten in unterschiedlichen Farben, sowie Klebepunkte und Kleber für lösbare Verbindungen bzw. Nadeln. Mit diesen Elementen lassen sich auf der Pinnwand aussagefähige Collagen zusammenfügen.

Regeln für die Benutzung einer Pinnwand

- Sauberes, knitterfreies Pinnwandpapier (braun oder weiß) verwenden
- Überschrift/Titel nicht vergessen
- Kurze, stichwortartige Texte: am besten in Groß- und Kleinschreibung – mit lesbarer Handschrift in einer der Raumtiefe angemessenen Schriftgröße
- Waagerecht schreiben: die auf dem Pinnwandpapier vorgegebenen Hilfslinien nutzen
- Fehler überkleben mit ausgeschnittenen Stücken vom Pinnwandpapier oder mit gleichfarbigem Klebestreifen
- Gliederung durch Schriftfarbe und Schriftgröße und durch Karten in unterschiedlichen Formen, Größen und Farben (nicht zu viele!)
- Großflächige und übersichtliche Darstellung, klare Struktur, nicht überladen
- Freie Fläche lassen für spontane Ergänzungen in der Präsentation
- Ggf. „geheime" Bleistiftnotizen auf den Karten oder/und auf dem Pinnwandpapier als Leitfaden und Gedächtnisstütze für den Vortrag anbringen (Wenn Sie dünn mit Bleistift schreiben, ist dies für die Zuhörer aus der Distanz nicht sichtbar.)
- Karten können mit Nadeln oder (lösbaren) Kleber befestigt werden
- Erst Karte anbringen, dann vorlesen/kommentieren (aber kurz fassen!) und damit die Aufmerksamkeit der Teilnehmer binden
- Auge und Ohr der Teilnehmer koordinieren (Hand auflegen, zeigen!)
- Nicht vor, sondern seitlich neben der Pinnwand stehen – und nicht zur Pinnwand reden
- Auf Standfestigkeit der Pinnwand achten: Fuß auf Pinnwandfuß setzen.

Die Pinnwand eignet sich besonders

- für „wachsende" Visualisierungen – von der einfachen zur komplexen Darstellung
- als Themenstände für Informationsmärkte und Szenarien, Modelle
- für visuelle Darstellungen, an denen das Publikum aktiv beteiligt ist, wie z. B. bei Präsentationen zur Meinungsbildung, bei Ideensammlungen und Problemlösungsprozessen (Moderationen)
- für Visualisierungen, die dauerhaft im Blick des Publikums bleiben sollen.

3.1.3 Der Overheadprojektor (OHP)

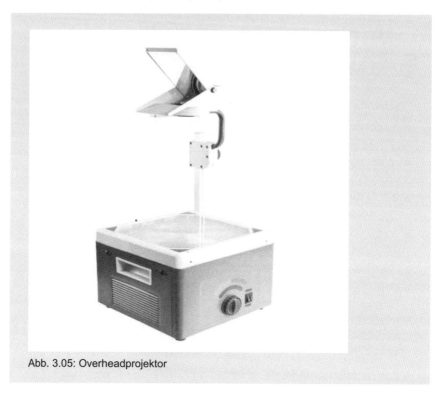

Abb. 3.05: Overheadprojektor

Sein Ende ist absehbar

Seit vielen Jahren hat der Overheadprojektor (OHP) unter verschiedenen Namen, wie Tageslichtprojektor oder Hellraumprojektor in Seminaren, Konferenzen und Präsentationen seinen festen Platz. Mittlerweile wird er aber mehr und mehr durch die Notebook-Beamer-Präsentation verdrängt. Trotzdem findet er sich noch in vielen Seminar- und Konferenzräumen und kann als „Notfallmedium" eingesetzt werden, wenn die Notebook-Beamer-Präsentation nicht funktioniert. Deshalb soll er hier auch noch angesprochen werden, obwohl sein endgültiges Ende bevorsteht (siehe unten).

Mit dem Overheadprojektor lassen sich auf transparenten Folien visualisierte Darstellungen auf jede helle Fläche projizieren. Die Präsentationsfolien mit handgeschriebenen oder gedruckten Texten, Tabellen und Diagrammen oder auch mit anspruchsvollen bildhaften und farbigen Darstellungen können vorab aufbereitet werden. Was während der Präsentation zusätzlich visualisiert werden soll, lässt sich bei eingeschaltetem Projektor vor aller Augen auf Leerfolien entwickeln. Der Projektor dient somit als „projizierte Wandtafel", wobei der Blickkontakt zum Publikum leichter aufrecht zu erhalten ist, als an der richtigen Wandtafel. Overheadprojektoren werden als stationäre Tischgeräte sowie als tragbare Koffergeräte für den mobilen Einsatz angeboten.

Regeln für die Benutzung eines Overheadprojektors

- Für vorbereitete Folien spezielle Hüllen mit ausklappbaren seitlichen „Flappen" verwenden, in denen die Folien geschützt sind. Die „Flappen" lassen sich beschreiben und eignen sich für eigene, dem Publikum nicht sichtbare, ergänzende Notizen zum Folieninhalt

- Wischfeste (permanente) Folienstifte verwenden, weil bei Verwendung sog. wasserlöslicher Stifte die Gefahr besteht, die Schrift beim Schreiben mit dem aufgelegten Handballen zu verwischen

- Mit der Technik vertraut machen (Ein-/Ausschalter, Scharfstellen, Umschalter für Lampenwechsel)

- Prüfen, ob Ersatzlampe vorhanden und funktionstüchtig ist

- Evtl. Linse, Spiegel reinigen

- Einzelfolien, Folienschreiber und transparenten Zeigestab sowie Laserpointer oder (Teleskop-) Zeigestock geordnet im Griffbereich bereitlegen

- Folie auflegen und auf der Arbeitsfläche richtig positionieren, dann erst einschalten

- Schnellen Wechsel vorbereiteter Folien (Folienflut!) vermeiden

- Projektor nicht ständig eingeschaltet lassen ohne etwas zu projizieren: die helle Projektionsfläche ermüdet die Augen

- Das Lüftergeräusch kann störend wirken – aber auch permanentes Ein- und Ausschalten vermeiden, da sich die Teilnehmer immer wieder an die neuen Lichtverhältnisse anpassen müssen

- Das projizierte Bild nicht mit dem eigenen Körper verdecken: Eigentlich wird beim „OVERHEAD" im Sitzen präsentiert. Dies führt allerdings dazu, dass Ihr Vortrag viel an Lebendigkeit verliert und Sie Ihre Körpersprache nur noch wenig einsetzen können. Ggf. kann Ihnen jemand bei der OHP-Präsentation assistieren.

Der Overheadprojektor eignet sich besonders

- für Präsentationen vor größeren Teilnehmergruppen, sofern Folienqualität, Lichtstärke des Projektors sowie die Größe und Art der Projektionsfläche angemessen sind

- zur Präsentation von Schaubildern und Diagrammen.

3.1.4 Die Notebook/Beamer-Präsentation

Abb. 3.06: Notebook-Beamer

Notebook
und Beamer:
Nicht mehr
weg zu denken

Die Notebook/Beamer-Präsentation ist im Business-Bereich mittlerweile die gebräuchlichste Präsentationsform geworden. Hierbei kommen verschiedene Softwareprogramme wie z.B. Microsoft Powerpoint zum Einsatz. Auf diese Präsentationssoftware wird hier nicht weiter eingegangen, da hierzu bereits vielfältige Literatur vorliegt (siehe Literaturverzeichnis). Grundsätzlich lässt sich jeder Bildschirminhalt mit Hilfe des Beamers an eine Leinwand projizieren.

Durch die Entwicklung der modernen Tablet-PC wird der OHP endgültig verschwinden. Ein Tablet-PC ist ein tragbarer und stiftbedienbarer Computer, der unter anderem wie ein Art Notizblock verwendet werden kann. Die Bedienung erfolgt entweder mit Hilfe eines Eingabestifts oder auch per Finger direkt auf einem berührungsempfindlichen Bildschirm (z.B. iPad). Mit spezieller Software zur Handschrifterkennung können auch spontane Visualisierungen durchgeführt werden.

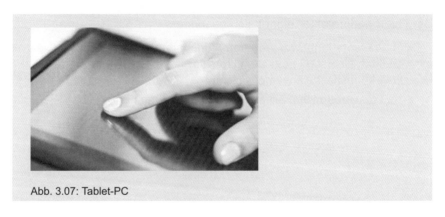

Abb. 3.07: Tablet-PC

Tipps und Regeln für die Notebook/Beamer-Präsentation

- Machen Sie sich vor der Präsentation mit der Funktionsweise des Beamers und des Notebooks (sofern es nicht Ihr eigenes ist) vertraut

- Verwenden Sie eine Funkmaus oder besser noch einen Presenter (Fernbedienung), mit dem Sie den Folienwechsel durchführen können

- Auch hier gilt: Sprechen Sie nicht zur Wand, sondern zum Publikum

- Prüfen Sie, ob die projizierten Folien von allen Plätzen aus vollständig und gut zu lesen sind

- Animationen (optische und akkustische Effekte) nur gezielt und sparsam einsetzen

- Nutzen Sie ggf. einen Laserpointer, um bestimmte Stellen Ihrer Foliendarstellung hervorzuheben. Üben Sie aber den Umgang mit einem Pointer

- Achten Sie darauf, dass auch bei einer Beamerpräsentation Ihre Agenda ständig sichtbar bleibt (z.B. Flipchart). Bei der Beamerpräsentation haben Sie allerdings auch die Möglichkeit, die Agenda als Navigationsleiste auf jeder Folie darzustellen. Wenn Sie nun die Navigationspunkte mit den entsprechenden Folien verlinken, können Sie in einer anschließenden Diskussion schnell an die betreffende Stelle springen

- Kalkulieren Sie einen Technikausfall ein und halten Sie ausgedruckte (Farb-) Folien für den Notfall bereit (Back-up Lösung, z.B. OHP).

Die Notebook/Beamer-Präsentation eignet sich

- für jede Art der Visualisierung und ist sowohl für große, als auch für kleine Gruppen geeignet

- besonders gut für Multimedia-Präsentationen. Achtung: Nicht zu viele Effekte einsetzen.

Exkurs: Visual Facilitation

Beamer-
präsentation
mitunter zu
perfekt

Die Präsentation mit Hilfe eines Beamers und eines Notebooks gilt mittlerweile als die modernste und weitverbreitetste Präsentationsform. Insbesondere im Managementbereich sind „Powerpoint-Präsentationen" ein Standard geworden. Allerdings wirkt die „professionelle" Präsentation mit Beamer und Notebook mitunter zu „perfekt", glatt und damit auch langweilig bis einschläfernd.

Abb. 3.08: Langweilige Beamer-Präsentation

Deshalb gelangt eine ältere Visualisierungsform, die die Medien Flipchart und Pinnwand nutzt, zu neuer Aktualität: „Visual Facilitation" (übersetzt so viel wie „Visuelle Erleichterung/Förderung") und „Graphic Recording" (grafische Aufnahme/Dokumentation).[1]

„Ein Bild
sagt mehr
als tausend
Worte."

Diese Techniken wurden bereits in den 70er Jahren von Designern und Architekten in den USA angewandt. Die Vorgehensweise beim Visual Facilitation bzw. Graphic Recording besteht darin, durch vorgezeichnete und insbesondere auch live gezeichnete Bilder Präsentationen, Workshops, Meetings, Seminare etc. zu begleiten, zu unterstützen und zu protokollieren. Vorteile sind z.B., dass die Aufmerksamkeit und das Interesse der Zuhörer hoch gehalten werden. Darüber hinaus werden Kreativität, Erinnerung und Lernprozesse gefördert, da durch diese Technik, ähnlich wie beim Mind Mapping, beide Gehirnhälften angesprochen werden.

---

[1] Dieses Visualisierungsmittel könnte auch im Kapitel „Visualisierung" behandelt werden. Da es aber bewusst zur Abgrenzung von Beamer-Präsentationen eingesetzt wird, haben wir es in das Kapitel „Medien" aufgenommen. Siehe z.B.: Löhr, Julia: „Präsentationen. Das Ende der Powerpoint-Parade." in: Frankfurter Allgemeine Zeitung, 18. Dezember 2010.

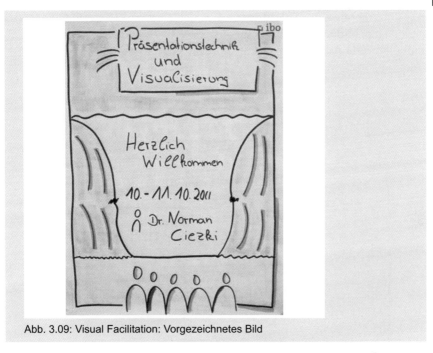

Abb. 3.09: Visual Facilitation: Vorgezeichnetes Bild

Bei der grafischen Gestaltung von Flipcharts bzw. der visuellen Begleitung von Gruppenprozessen gibt es unterschiedliche Ansätze. Meistens werden einfache Symbole, Piktogramme bzw. Text-Bild-Kombinationen verwendet:

Beispiel

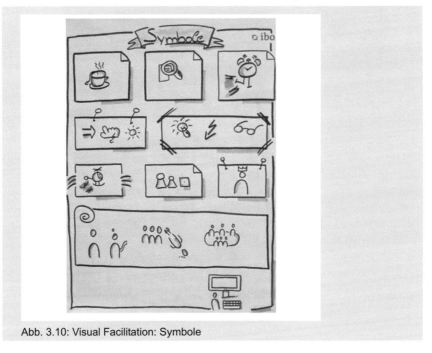

Abb. 3.10: Visual Facilitation: Symbole

Das Einzeichnen eines Schattens (z.B. mit einem dicken Filzstift in der Farbe „grau") macht die Objekte dreidimensional. Die Bildflächen werden oft, z.B. unter Verwendung von Kreide oder Wachsstiften, farbig ausgemalt.

Beispiel

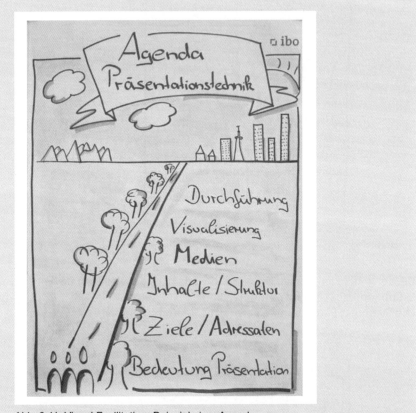

Abb. 3.11: Visual Facilitation: Beispiel einer Agenda

Hinweis

Wer sich mehr mit diesem Thema beschäftigen möchte, kann sich auf den Webseiten des „International Forum of Visual Practitioners" umsehen (http://www.ifvp.org), einer beruflichen Vereinigung von Visual Facilitators. Darüber hinaus gibt es mehrere Trainer und Agenturen, die in Workshops in die Kunst des Visual Facilitation einführen.

3.2 Präsentationen durchführen

Germanys next Top-Präsentator...

„Auch die seichteste Unterhaltungsshow kannst du heute noch als gutes Bei-spiel für ‚Wie darf ich mich nicht verhalten?' benutzen".

Ich muss Melissa ziemlich verwundert angeschaut haben, als sie unser Gespräch mit diesem Hinweis begann. Was brachte unser Coaching-Gespräch für mich wohl heute?

„Du willst doch wohl eine in unserer Firma oder vor Kunden gehaltene Präsen-tation nicht mit einer der Casting-Shows im Fernsehen vergleichen?", entgeg-nete ich fast beleidigt. „Obwohl – eine gewisse Übereinstimmung mit dem Auf-treten eines Präsentators gibt es schon. Zumindest ansatzweise kann sicher-lich so manche Erkenntnis abgeleitet werden."

„Lass mich, ohne dir die Freude an Präsentationen zu nehmen, von Dr. Fox erzählen", fuhr Melissa fort. „Der Vortrag, den er vor versammelten Experten hielt, trug den eindrucksvollen Titel ‚Die Anwendung der mathematischen Spiel-theorie in der Ausbildung von Ärzten.' Den Teilnehmern wurde Fox als ‚Auto-rität auf dem Gebiet der Anwendung von Mathematik auf menschliches Ver-halten' vorgestellt. Er beeindruckte die Zuhörer mit seinem gewandten Auftritt derart, dass keiner von ihnen merkte: Der Mann hatte keine Ahnung von Spieltheorie.

Alles, was Fox getan hatte, war, aus einem Fachartikel über Spieltheorie einen Vortrag zu entwickeln, der ausschließlich aus unklarem Gerede, erfundenen Wörtern und widersprüchlichen Feststellungen bestand, die er mit viel Humor und sinnlosen Verweisen auf andere Arbeiten vortrug. Das Experiment sollte die Frage beantworten: Ist es möglich, eine Gruppe von Experten mit einer bril-lanten Vortragstechnik so hinters Licht zu führen, dass sie den inhaltlichen Non-sens nicht bemerken.

Die Zuhörer waren so begeistert, dass sie Fragen stellten und dass sie lebhaft an einem weiteren Meinungsaustausch mit Dr. Fox interessiert waren. Der Vor-trag – obwohl nichtssagend und später als Betrug entlarvt – hatte durch sei-nen Stil offenbar das Interesse am Thema geweckt.

Er hatte vor allem der Erwartungshaltung der Zuhörer entsprochen!", fasste Melissa zusammen, um dann fortzufahren:

„Für den Präsentator sind neben dem Präsentationsinhalt viele Merkmale ent-scheidend: Blickkontakt, Körpersprache, Gestik und Mimik, Stimmführung und Reaktion auf Störungen. Mir ist noch überdeutlich eine Situation in Erinnerung, in der ich mich wahnsinnig geärgert habe. Mein Kollege hatte ein Zwischen-ergebnis einer Organisationsuntersuchung zu präsentieren. Ziel war es, fest-zustellen, ob sich unsere Beobachtungen mit den Erfahrungen der betroffen

"Der Zutritt zu öffentlichen Ver-handlungen kann unerwachsenen und solchen Per-sonen versagt werden, die in einer der Würde des Gerichts nicht entsprechenden Weise erscheinen." (§ 175 Abs. 1 GVG*) *Gerichtsver-fassungsgesetz

Mitarbeiter eines Referats einer Bundesbehörde deckten. Wir waren nicht nur davon überzeugt, dass wir ein hervorragendes Ergebnis erarbeitet hatten, sondern wir hatten es auch! Nur war seine Präsentation nicht geeignet, dies auch mit Überzeugung den Zuhörern nahe zu bringen. Schon sein Start mit den Worten ,Ich muss mich entschuldigen, ich habe einige Ergebnisse gerade noch in meine Präsentation eingebaut. Es kann also sein, dass einiges durcheinander geraten ist...' trug nicht zur Vertrauensbildung bei. Und so ging es weiter. Unterstrichen wurde seine Vorstellung durch seine Haltung. Er hatte die typische ,Ich bin eigentlich nicht hier'-Haltung: kein Blickkontakt zu den Zuhörern. Damit signalisierte er Unsicherheit und wenig Überzeugungskraft. Er war mit seinen Augen nicht anwesend, also war er nicht da. Wie sollten die Anwesenden dann den Inhalt seiner Präsentation wahrnehmen? Deshalb solltest du es dir fest hinter die Ohren schreiben und merken...", erklärte sie etwas schnippisch und war fast schon in ihr Büro enteilt, als sie sich noch einmal umdrehte:

Erstens, auch Napoleon Bonaparte hatte Recht, als er sagte: Um einen Menschen für etwas zu gewinnen, muss man seine Augen ansprechen.

Zweitens, auch Adenauers Aussage stimmt: Es ist immer Zeit für einen neuen Anfang.

Drittens, handle nach der Erkenntnis ,Die Fähigkeit, eine Idee auszudrücken, ist ebenso wichtig wie die Idee selbst.' Das stammt übrigens von Bernhard Baruch einem amerikanischer Börsenspekulant und reichem Finanzmakler.

Viertens, gib dein Bestes und alles wird gut",

sagte es und ward samt Würfel ins Wochenende verschwunden.

Präsentationen durchführen – die Rolle des Präsentators

Innerhalb der ersten fünf Minuten einer Präsentation fällen die Zuhörer ihr (Vor-) Urteil über den Vortragenden. Sein äußeres Erscheinungsbild und Auftreten bestimmen wesentlich ihr Gesamturteil. Die Teilnehmer stellen sich in diesem Zeitraum die entscheidenden Fragen:

„Vorurteil nutzen"

Kann ich dieser Person vertrauen und glauben? Ist sie mir sympathisch? Wirkt sie kompetent?

Beispielsweise sollte dem Vortragenden auch die Begeisterung über den Inhalt seiner Präsentation anzumerken sein. Damit sich das Publikum angesprochen fühlt, muss der Präsentator auch den Blickkontakt zu den Zuhörern suchen.

Positive Beziehung zu den Zuhörern aufbauen

Der Erfolg einer Präsentation hängt also auch von Ihrer Fähigkeit ab, eine Brücke zu den Teilnehmern zu schlagen, positive Beziehungen zu ihnen herzustellen – mit anderen Worten, ein Sympathiefeld aufzubauen.

Abb. 3.12: Wichtiger Erfolgsfaktor für Präsentationen: Eine Brücke zu den Teilnehmern bauen

Es genügt eben nicht, sich auf den gekonnten Umgang mit den Medien oder die wichtigen Präsentationsinhalte zu verlassen. Wenn Sie in der Durchführung z.B. nervös und unsicher wirken, werden Ihre Inhalte nicht entsprechend gewürdigt bzw. wird Ihr Anliegen nicht erfolgreich sein.

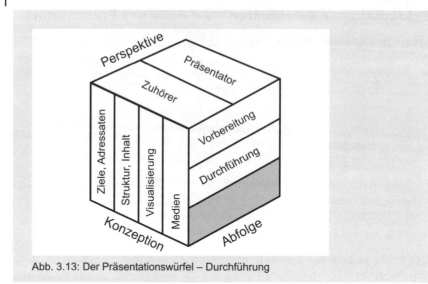

Abb. 3.13: Der Präsentationswürfel – Durchführung

3.2.1 Die Körpersprache

Inhalt und Auf-
treten müssen
übereinstimmen

Ihre Körpersprache und deren Wirkung auf die Zuschauer sind ein ganz wesentlicher Schlüssel für eine erfolgreiche Präsentation. Dabei kommt es auch darauf an, dass Ihre Präsentationsinhalte mit der Körpersprache übereinstimmen. Wer mit finsterer und angespannter Miene sagt, „Ich freue mich darauf, Ihnen heute unsere Projektergebnisse präsentieren zu dürfen", ist unglaubwürdig und provoziert Ablehnung. Wir Menschen haben in der Regel ein feines Gespür dafür, ob die getätigten Aussagen, also die „Worte" mit der restlichen Körpersprache übereinstimmen.

Untersuchungen des amerikanischen Sozialforschers ALBERT MEHRABIAN haben dies bestätigt und ergeben, dass der Inhalt dessen, was Sie sagen, weniger Bedeutung hat, als die Ihre Aussage begleitende nonverbale Kommunikation.

Dabei wirken das Äußere, also Kleidung und Körpersprache zu 55%, die Stimme, d.h. Lautstärke und Sprechmelodie zu 38% und die Worte zu 7%, ob Sie gut bei Ihren Zuhörern ankommen.

Das heißt nicht, dass die Wahl Ihrer Worte und die sorgfältige Vorbereitung unwichtig sind. Zur Geltung gelangen diese aber nur dann, wenn sie bewusst durch Ihr Auftreten unterstrichen werden.

Abb. 3.14: Körpersprache – Das Gesagte durch Mimik und
Gestik unterstreichen

Körpersprache und Regeln zur Durchführung einer Präsentation

- Verstecken Sie sich nicht hinter einem Pult oder Tisch und präsentieren Sie im Stehen. Stehen Sie aufrecht und spannen Sie die Bauchmuskeln an

- Bleiben Sie nicht ständig am selben Platz wie angewurzelt stehen. Wechseln Sie bewusst den Standort, um sich z.B. einem anderen Medium zuzuwenden. Achtung: Bitte kein nervöses Auf- und Ablaufen

- Atmen Sie aus dem Bauch – Ihre Stimme wird kräftiger und klarer! Lautstärke der Raumgröße anpassen. Deutlich artikulieren und eher langsam sprechen

- Kurze Sätze in verständlicher Sprache verwenden

- Sprechen Sie „frei", ggf. mit Unterstützung von Moderationskarten, auf denen Stichworte notiert sind

- Wenn wichtige Kernaussagen Ihres Vortrags anstehen, kündigen Sie diese an, betonen und ggf. wiederholen Sie sie. Kurze Sprechpausen lassen wichtige Aussagen oder Visualisierungen wirken

- Wenden Sie sich immer mit dem ganzen Körper den Teilnehmern zu

- Halten Sie immer Blickkontakt zum Zuhörerkreis – reden Sie nicht zum Medium, zur Wand oder gar zum Boden oder zur Decke! Bitte aber auch nicht unruhig von einem Zuhörer zum nächsten blicken

- Halten Sie die Arme immer vorne und oberhalb der Gürtellinie! (Keine Hände in den Taschen)

Tipps und
Hinweise

■ Das Gesagte durch Mimik (freundlich, lebendig), Gestik und Körperhaltung unterstützen

■ Bleiben Sie natürlich – keine Schauspielerei!

Achten Sie bei der Durchführung der Präsentation auch darauf, dass Sie keine „Regieanweisungen" von sich geben: „Ich zeige Ihnen jetzt auf der Pinnwand ...", „Ich lege Ihnen jetzt einige Folien auf, auf denen ...". Das können die Teilnehmer alles selbst sehen.

Abb. 3.15: Präsentationsfehler – Fehlender Blickkontakt, unsicherer Stand, ängstlicher Gesichtsausdruck

Was Sie sonst noch in einer Präsentation falsch machen können bzw. was die Zuhörer stört:

Präsentations-fehler

■ Fehlender Augenkontakt

■ Unsteter, schweifender Blick

■ Nervöses Auf- und-Ab-Gehen

■ Steifes und starres Dastehen

■ Auf Zuhörer zeigen

■ Zu schnelles oder monotones Sprechen

■ Vorlesen von Folie/Manuskript

■ Geklimpere mit dem Kleingeld in der Hosentasche

■ Spielereien mit Kugelschreiber, Zeigestab etc.

■ Herumzupfen an Kleidung und Schmuck

■ „Bankrott-Phrasen":

- „Ich konnte mich leider nicht richtig vorbereiten ..."
- „Es ist nicht viel, was ich Ihnen zu bieten habe ..."
- „Eigentlich bringt der nächste Abschnitt nichts Neues ..."
- „Die meisten Informationen betreffen Sie gar nicht ..."
- „Leider haben wir in der kurzen Zeit nicht geschafft, dass ..."
- „Was ich vorhin vergessen habe, zu sagen ..."

  (Wenn Sie wirklich noch etwas sagen möchten, was Sie zuvor vergessen haben, dann sagen Sie besser „Einen Punkt habe ich bis ganz zum Schluss aufbewahrt, nämlich ...")

Was Sie <u>nicht</u> sagen sollen!

Eine positive Grundhaltung und ein freundliches Gesicht sind die besten „Türöffner" zu den Adressaten. Deshalb sollten Sie sich vor der Präsentation einstimmen. Versuchen Sie Freude, an der bevorstehenden Präsentation zu empfinden und Lampenfieber durch Entspannung abzubauen. Übrigens: Auch erfahrene Präsentatoren verspüren zu Beginn immer noch ein gewisses Lampenfieber. Das ist auch gut so, da man dadurch in eine aktivierende Anspannung versetzt wird. Allerdings sollte das Lampenfieber nicht so groß sein, dass es Sie in der Präsentation behindert.

Lampenfieber ist normal

Lampenfieber und Unsicherheiten

- Bereiten Sie sich gut auf das Thema vor.
- Kontrollieren Sie anhand von Checklisten (z.B. aus dem Anhang dieses Buchs) noch einmal, ob alles (z.B. Folien/Unterlagen) vorbereitet ist. Machen Sie sich rechtzeitig vor Beginn mit der Bedienung der Präsentationsmedien vertraut und überprüfen Sie deren Funktionstüchtigkeit.
- Legen Sie alles bereit, was Sie für die Präsentation benötigen.
- Oft sind nur die ersten Minuten problematisch, deshalb können Sie die ersten 2 – 3 Sätze auswendig lernen. Aber nicht mehr.
- Für den weiteren Vortrag gilt: Erstellen Sie sich einen groben Stichwortkatalog (Spickzettel). Üben Sie vor dem Vortrag das Einbinden der Stichworte in vollständige Sätze. Verwenden Sie dabei stets neue Formulierungen, und lernen Sie nichts auswendig! Nur so erlangen Sie rhetorische Sicherheit.
- Möglich ist auch, nach Ihren Einleitungs- bzw. Begrüßungssätzen die Aktivität an die Teilnehmer abzugeben (z.B. Vorstellung, Formulierung von Erwartungen). Sie selbst können nun ein wenig entspannen.
- Ergreifen Sie jede Gelegenheit, das „Sprechen vor anderen" zu üben – auch privat.

Tipps und Hinweise

Tipps und
Hinweise

- Setzen Sie ggf. Entspannungstechniken ein (z.B. Autogenes Training). Häufig reicht es schon, mehrmals lang und tief auszuatmen, bis Sie das Gefühl haben, dass keine Luft mehr in der Lunge ist.

- Stimmen Sie sich positiv ein: „Ich habe mich gut vorbereitet. Die Präsentation wird erfolgreich verlaufen!"

- Halten Sie Blickkontakt mit Ihren Zuhörern, und suchen Sie sich einen Zuhörer, der ausstrahlt, dass er großes Interesse an Ihrem Thema hat. Schauen Sie ihn an, wenn Sie unsicher werden.

- Sprechen Sie nicht zu schnell! Machen Sie kleine Sprechpausen – dies beruhigt.

- Essen Sie vor der Präsentation nur eine Kleinigkeit.

Für den Erfolg Ihrer Präsentation ist es wichtig, dass Sie eine positive Beziehung zu Ihrem Publikum aufbauen können. Beobachten Sie Ihr Publikum aufmerksam, um rechtzeitig festzustellen, ob sich z.B. Langeweile oder Unklarheiten ergeben haben, auf die Sie dann eingehen sollten. Behandeln Sie Ihr Publikum mit Respekt, so wird es auch Sie (in der Regel) respektvoll behandeln. Versuchen Sie, ein Sympathiefeld aufzubauen und zu erhalten.

Aufbau und Erhaltung eines Sympathiefeldes

Abb. 3.16: Sympathiefeld aufbauen

Tipps und
Hinweise

- Sofern es die Anzahl Ihrer Zuhörer zulässt, begrüßen Sie jeden Teilnehmer persönlich (z.B. mit Händeschütteln).
- Sprechen Sie die Teilnehmer mit – richtigem – Namen an.
- Wenden Sie sich stets dem Sprecher/Fragenden zu und schauen ihn an. Zeigen Sie mit Mimik Interesse.
- Nehmen Sie alle Fragen ernst – machen Sie niemanden lächerlich – es gibt keine dummen Fragen, sondern nur dumme Antworten.
- Gehen Sie auf Befürchtungen ein – loben Sie Ihr Publikum.
- Bevormunden oder belehren Sie Ihre Zuhörer nicht.
- Bleiben Sie natürlich und schauspielern Sie nicht. (Wenn Sie beispielsweise ein eher ruhiger Mensch sind, ist es unglaubwürdig, wenn Sie nun auf einmal wie ein „Animateur" mit Ihren Zuhörern interagieren).
- Gehen Sie Ihrem Publikum in der Pause und nach der Veranstaltung nicht aus dem Weg, sondern beantworten Sie ggf. Fragen. Ein guter Schlusssatz am Ende einer Präsentation ist: „Welche Fragen darf ich Ihnen nun noch beantworten?" Bitte mit einem freundlichen Gesichtsausdruck, damit dies auch als echte Einladung verstanden wird. Nutzen Sie die Chance, in einer anschließenden Diskussion Ihre Fachkenntnis weiter darstellen zu können.

Der Umgang mit Fragen und Einwänden

Bei Fragen und
Einwänden:
Ruhe bewahren

Insbesondere bei Einwänden gilt es gut zuzuhören. Werden Einwände vorgebracht, gibt es seitens der Teilnehmer auch Gründe dafür. So haben die Teilnehmer vielleicht nicht alles verstanden oder sehen Probleme in Bereichen, die im Vortrag nicht angesprochen wurden. Selbst bei massivem Widerspruch oder Störungen (Zwischenrufe, Zwiegespräche) sollte man diese nicht als persönlichen Angriff auffassen. Es hilft in keiner Weise, frontal zu widersprechen. Wirksamer ist es, folgende Diskussions-/Argumentationsregeln anzuwenden:

Abb. 3.17: Fragen und Einwandbehandlung

Tipps und
Hinweise

- Aufmerksam sein und sich auf die Problemstellung und Motive des Sprechenden konzentrieren, ihn ausreden lassen.

- Sich nicht sofort verteidigen, sondern zunächst die Aussage des Sprechenden kurz überdenken und ggf. durch Rückfrage von ihm präzisieren lassen.

- Sachlich und ruhig auf die Argumente des Gegenüber eingehen.

- Bei Behauptungen Beweise und präzise Aussagen fordern.

- Auf die vorher vereinbarten Gesprächsregeln verweisen.

- Ggf. den Einwand positiv umdeuten und bedingt zustimmen, aber danach entkräften („Ich bin Ihnen dankbar für diesen Einwand und stimme Ihnen im Prinzip zu und wenn Sie jetzt noch berück-sichtigen, dass ...").

- Gegebenenfalls die Gegenargumente nicht selbst entkräften zu versuchen, sondern die anderen Teilnehmer dazu Stellung nehmen lassen.

- Wenn Sie keine Antwort wissen, oder diese zu lange dauern würde, dem Fragenden anbieten, diese nachzuliefern oder die Frage nach der Präsentation zu beantworten.

Kleidung

Grundsätzlich gilt, dass Ihre Kleidung sauber und gepflegt sein sollte. Darüber hinaus ist es wichtig, sich dem Anlass und Dresscode im Unternehmen bzw. des Publikums entsprechend zu kleiden. Das kann der schwarze Anzug mit Krawatte sein, aber auch das modische Hemd mit Jeanshose. Sofern es sich bei Ihrer Veranstaltung nicht um eine Modeshow handelt, sollte Ihre Kleidung aber nicht vom Inhalt der Präsentation ablenken (zu flippig oder zu sexy).

Kleidung
dem Anlass
entsprechend

Abb. 3.18: Kleidung dem Anlass entsprechend

Achten Sie neben Ihrer Kleidung (auch Schuhe und Socken!) zudem auf Ihre Frisur und Ihren Schmuck. Mancher Schmuck klimpert oder klappert bei Bewegung. Wichtig ist, dass Sie sich in Ihrer Kleidung auch wohlfühlen können. Wenn Sie sonst selten Anzug und Krawatte oder Kostüm tragen, probieren Sie diese Kleidungsstücke vorher einmal an/aus.

Pannen oder wenn trotzdem etwas schiefgeht

- Ruhig bleiben und einmal durchatmen.
- Überlegen Sie, ob Sie die „Panne" (z.B. ein von der Pinnwand heruntergefallenes Kärtchen) beheben müssen oder ob sie ignoriert werden kann. Entschuldigen Sie sich nicht.
- Wenn Sie den Faden verloren haben, dann schauen Sie auf Ihre Moderationskarte oder Ihr Redemanuskript.
- Eine technische Panne kann ggf. durch einen versierten Zuhörer behoben werden, ansonsten „Back-up"-Lösung" (s.o.) nutzen
- Schlagen Sie eine kurze Pause vor, in der das Problem behoben werden kann.

Tipps und
Hinweise

Tipps und
Hinweise

- Sollten Teilnehmer unaufmerksam sein und z.B. störende Seitengespräche führen, dann versuchen Sie die Aufmerksamkeit wieder auf sich zu lenken. Sie können die Teilnehmer auch ansprechen: „Haben Sie eine Frage ...?"

- Pannen und Fehler, denen Sie souverän begegnen, lassen Sie menschlich und sympathisch wirken.

4 Nachbereitung

„Wann kann ich bei meiner Präsentation von Erfolg sprechen?"

Melissa griff meine Frage durch ein Beispiel auf: „Ich möchte dir eine Begebenheit aus meiner Projektarbeit bei der Landeshauptstadt erzählen, die im Kern genau diese Problematik behandelt. Es ging damals in einer Sitzung der Projektgruppe um die Nachbereitung einer Ergebnispräsentation vor dem Entscheidergremium. Dieses Gremium sollte die Zustimmung für die geplante Hauptstudie zur Umsetzung eines Vorschlags zum zukünftigen Wissensmanagement bewilligen. Ein sehr aktiver und engagierter Mitarbeiter hatte dazu in einem Teil der Präsentation sehr engagiert für eine individuelle Firmenlösung plädiert. Er folgte der intensiven Diskussion im Anschluss an die Präsentation mit auffallender Distanz. Nachdem sich der Sitzungssaal gelehrt hatte und sich das Projektteam sichtlich erschöpft noch einmal zusammen setzte, stellte er der Projektleiterin die für ihn alles entscheidende Frage, die ihn die ganze Zeit über zu quälen schien: ‚Wann ist meine Präsentation eigentlich erfolgreich gelaufen? Wenn die Zuhörer untereinander heftig diskutiert haben und sich nur noch mit dem Zeitplan meines Vorschlags beschäftigen oder wenn sie still, ohne weitere Fragen zu stellen, sich verabschieden?'"

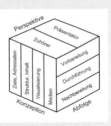

„Und was war die Antwort?", fragte ich neugierig.

Melissa kramte in ihrer Tasche und fuhr fort. „Deren Antwort kam ohne zu zögern: ‚Wenn sie dich in Ruhe lassen!' Der bis dahin hoch motivierte Mitarbeiter dachte allerdings in die andere Richtung.

Er hatte erlebt, wie seine vorgetragenen Konzepte, anschaulich mit Beispielen aus der Praxis untermauert, die Zuhörer zu Nachfragen und Zustimmung veranlassten. Ihm war es gelungen, durch Schilderung eines passenden Erlebnissses während der Projektarbeit nicht nur eine Brücke zu den Anwesenden zu schlagen, sondern ihnen nachvollziehbar eine individuelle Lösung trotz hohem Einführungsaufwand schmackhaft zu machen.

Nach einer kurzen Erholungspause ergriff die Projektleiterin noch einmal die Initiative: ‚Meine Äußerung von eben, war nicht ernst gemeint, tatsächlich bin ich deiner Meinung. Die lebhafte Diskussion zeigt, dass wir den Kern getroffen haben. Ich bin überzeugt, heute stimmte alles: Wir hatten einen geeigneten Raum, alle Beteiligten hatten ausreichend Zeit mitgebracht und das Thema haben wir interessant aufbereitet.' Sie hat Recht gehabt und ihr Mitarbeiter hatte sich auch wieder gefangen", erinnerte sich Melissa.

„Du meinst also auch, es lohnt sich nach einer Präsentation zusammenzubleiben und ein Feedback zu geben bzw. aufzunehmen." Ich versuchte mich in eine

solche Situation hineinzuversetzen. „Es ist wirklich so. Durch jede Präsentation gewinne ich an Erfahrung, jeder Misserfolg gibt mir neue Anregungen und jede erfolgreiche Präsentation Bestätigung."

Melissa sah mich gespielt ernsthaft an. „Das hätte ja von mir sein können – so gut war das, aber ich gebe dir Recht. Keine Präsentation ohne Manöverkritik. Wie du diese einholst, ist zweitrangig. Eine rundum angebotene Feedback-Runde mit den Zuhörern festigt deren Eindruck und gibt dir Sicherheit in der Einschätzung, wie alles rübergekommen ist. Die aktiv Beteiligten sollten sich ebenfalls über die Veranstaltung austauschen", ergänzte sie meine Gedanken. „Ach ja, eh' ich es vergesse....", fuhr sie fort. In Ihrer Tasche fündig geworden, stellte sie den Präsentationswürfel vor sich auf den Tisch. „Du kannst den Würfel als Checkliste für eine Art Manöverkritik nutzen:

Frage dich, stimmte die Konzeption und wurde aus der richtigen Perspektive bewertet? Konnten die Adressaten der Präsentation jederzeit folgenden? So stellst du auch sicher, dass es eine sachliche Kritik ist. Sie soll aufbauen, nicht niederdrücken", führte Melissa überzeugend und für mich nachvollziehbar aus. Sie war mit ihren Ratschlägen aber noch nicht zu Ende: „Wenn Du dann am kommenden Freitag deinen großen „Auftritt" hast, denke daran, den Zuhörern deutlich zu machen, wofür du den Vorschlag machst, aber vor allem, dass sie damit erfolgreich durch die gegenwärtige Krise kommen werden. Nur das zählt!

Den richtigen Inhalt, in der richtigen Art, den richtigen Empfängern zu präsentieren, dazu merke dir vier Punkte:

> Erstens, gib dich nicht mit einfachen Lösungen zufrieden, Entdecker und Erfinder waren stets Menschen, die unzufrieden mit dem jeweils gegenwärtigen Zustand waren.
> Zweitens, in dieser Unzufriedenheit bekommt deine Kreativität Flügel.
> Drittens, erst mit dem Aufzeigen des jeweils individuellen Nutzens holst du deine Zuhörer wirklich ab.
> Viertens, gib dein Bestes und alles wird gut."

Sprach's, erhob sich von ihrem Platz, nahm den Würfel und verschwand in ihrem Büro.

Nachbereitung

Mit der Durchführung der Präsentation ist die wichtige zweite Präsentationsphase geschafft. Die dritte und letzte Phase in der Abfolge von Präsentationen ist nun noch zu absolvieren: Die Nachbereitung, in der Präsentationsergebnis, Konzeption und Ablauf ausgewertet werden. Dies wird leider allzu häufig vernachlässigt.

Erfolg oder
Misserfolg?

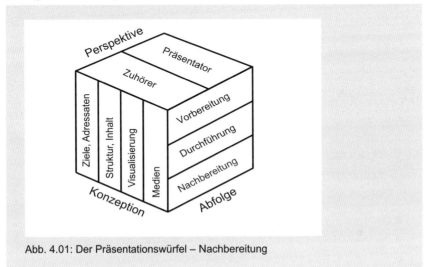

Abb. 4.01: Der Präsentationswürfel – Nachbereitung

Die in der Präsentation visualisierten Fragen, Aussagen und Ergebnisse und das mitgeschriebene Protokoll sollten zu einem Ergebnisprotokoll zusammengefasst werden. Wer sich die Mühe des Abschreibens sparen möchte, fotografiert Charts und Pinnwände, lässt ein Fotoprotokoll davon anfertigen und verteilt es anschließend an die Teilnehmer. Das kann die Einstellung zum Thema und zu den Präsentatoren weiter positiv beeinflussen. Die Beziehung zu den Teilnehmern wird über die Präsentation hinaus bewahrt und gepflegt und die Adressaten werden auf Folgeaktionen vorbereitet.

Tipp:
Fotoprotokoll
anfertigen

Spätestens bei der Auswertung zeigt sich, ob die für diese Präsentation geplanten Ziele ganz, nur teilweise oder gar nicht erreicht werden konnten. Vielleicht mussten die Ziele während der Durchführung verändert werden, weil die Situation und die Orientierung an den Adressaten es erforderten. Wenn ja, ist zu klären, warum dies sein musste.

Bewertung
anhand der
Präsentations-
ziele

In diese Manöverkritik fließen sowohl die während der Präsentation notierten eigenen Hinweise ein, als auch die von den Teilnehmern direkt gegebenen Rückmeldungen. Die Rückmeldungen der Teilnehmer zu diesen und anderen Fragen lassen sich zum Abschluss der Präsentation mit einer „Spontanabfrage" oder mit einem Beurteilungsbogen einholen.

Welche Fragen sind bei der Auswertung zu beantworten?

Ergebnisprotokoll:

- Welche Unterlagen sollen in das Ergebnisprotokoll einfließen?
  - Vortragsmanuskript
  - In der Präsentation entstandene Visualisierungen – verbalisiert oder als Fotoprotokoll
  - Während der Präsentation erarbeitete Frage-, Problem- und Maßnahmelisten
  - Ausblick auf weiteres Vorgehen.

„Manöverkritik":

- Ist das geplante Ziel erreicht worden?
  - Was konnte besonders gut vermittelt werden?
  - Wobei gab es argumentative Schwierigkeiten?
  - Wobei gab es zwischenmenschliche Schwierigkeiten?
  - Wobei gab es technische Schwierigkeiten?
- War eine Zieländerung nötig? Wenn ja, warum?
- War die Zielgruppe richtig zusammengesetzt?
- Waren Ort, Raum und Zeit gut gewählt?
- Was war gut, was ist zu ändern/zu verbessern:
  - in der Zielformulierung
  - in der inhaltlichen Gestaltung
  - in den Visualisierungen
  - bei der Vorgehensweise
  - bei Medienauswahl und -einsatz
  - bei der Raumausstattung
  - bei der organisatorisch-technischen Vorbereitung
  - im Rede- und Zuhörverhalten
  - bei der Fragen- und Einwandbehandlung?
- Haben Präsentator(en)/Diskussionsleiter/Moderator eine gute Figur gemacht?
  - Wenn ja, warum?
  - Wenn nein, warum?

Nur durch eine ehrliche Manöverkritik können Sie aus den ggf. gemachten Fehlern lernen und sie in der Zukunft vermeiden.

Epilog 1

„.....die Zukunft war früher auch besser....."

Jetzt würde es nicht mehr lange dauern. Ich stand unmittelbar vor der entscheidenden Präsentation, die ich eigenverantwortlich vorbereitet hatte. Das o.g. Zitat von Karl Valentin machte mir allerdings nicht gerade Mut. „Wäre die Zukunft doch schon Vergangenheit", philosophierte ich vor der Cafeteria.

„Das sind ja ganz neue Töne. Solch ein Ausspruch von dir, Peter?", Melissa schaute mich prüfend an.

Ich fuhr fort: „Kannst du dich an meine erste Präsentation erinnern? Dabei lief ja eigentlich alles schief, was auch nur schief laufen konnte. Und du hast mir Mut zugesprochen und gleichzeitig deine Unterstützung angeboten."

Melissa wusste zwar von mir, dass ich eine schwierige Präsentation durchzuführen hatte, kannte jedoch noch keine Einzelheiten.

„Jetzt machst du mich aber neugierig. Darf ich dich zu einem Espresso einladen?", ermunterte sie mich und ihr Angebot wurde umgehend angenommen. Während wir am Stehtisch vor den Kaffeeautomaten standen, begann ich zu erzählen...

„Alle Tipps und Hinweise, die ich von dir und den anderen Kollegen bisher schon erhalten habe, gehen mir in meiner morgigen Situation wahrscheinlich völlig ab."

Einprägsame Gespräche

„Ich bin davon überzeugt", nahm sie die Gesprächsführung an sich, „ich bin davon überzeugt, dass du dein Bestes gibst und alles gut wird. Denke an die vielen praktischen Hilfen, die ich dir zur Vorbereitung gegeben habe. Die unbedingte Beschäftigung mit den Adressaten, ihren Zielen und den konkreten Inhalten deiner Präsentation. Dann die Bedeutung geeigneter Visualisierungen, um deine Anliegen sicher rüberzubringen."

„Ich habe auch an die vielen Möglichkeiten verschiedener Medien gedacht", warf ich dazwischen.

„Auch wenn du am Anfang noch viel zu viel mit dir selbst beschäftigt sein wirst. In der Präsentation wirst du dich dann meiner nützlichen Tipps erinnern. Das allerdings nur dann, wenn du den Präsentationswürfel vor dich auf den Tisch stellst." Sie legte mir den Präsentationswürfel feierlich in meine Hand. „Hier, den schenke ich Dir!"

Ich wusste nicht, was ich sagen sollte, da meinte sie: „Schnell, die Zeit drängt"
und schob mich aus der Cafeteria.

Ich war schon fast aus der Cafeteria entschwunden, da drehte ich mich noch
einmal um: „Vielen Dank für deine Hilfe und deine gut gemeinten Ratschläge:

> *Erstens, überlasse nichts dem Zufall.*
>
> *Zweitens, kümmere dich um deine Präsentation.*
>
> *Drittens, bleibe hartnäckig.*
>
> *Viertens, glaube ja nicht, du hättest schon alles erlebt!*

Sie treffen sicherlich alle zu", und dann war ich auf dem Weg zur Präsentation
und ihren Blicken entschwunden.

5   Anhang

5.1   Checklisten zur Präsentationsorganisation

Medien, Arbeitsmittel

- ☐ Welche Medien sollen eingesetzt werden und sind jeweils genügend davon vorhanden?
- ☐ Sind genügend Steckdosen für strombetriebene Medien vorhanden?
- ☐ Gibt es Anschlussmöglichkeiten für Notebooks an das Intra-/Internet?
- ☐ Lässt sich der Raum abdunkeln?
- ☐ Sollen „Back-up"-Lösungen bei möglichem Geräteausfall vorbereitet werden?
- ☐ Welche Arbeitsmittel benötige ich?

  - Papier für Pinnwand
  - Pinnwandkarten in verschiedenen Farben, Formen und Größen
  - Pinnwandnadeln oder Klebestifte
  - Papierblock für Flipchartständer
  - Funktionsfähige Filzstifte in den gewünschten Farben und Strichstärken
  - Überstreichstifte (Marker) in verschiedenen Farben
  - Haftmagnete, falls eine Magnethafttafel genutzt wird
  - Selbstklebende Markierungsetiketten und -punkte in verschiedenen Farben
  - Klebestreifen
  - Ersatzlampe für Projektor
  - Folienrolle und Einzelfolien für Overheadprojektor
  - Farbstifte für Folien
  - Radierstifte für Folien
  - Zeigestab bzw. Laserpointer
  - Stifte und Wischtücher für Whiteboard
  - Namensschilder/-karten für Präsentator und Teilnehmer
  - Hefter und Locher
  - Büro- und Heftklammern
  - Sonstiges Schreibmaterial: Bleistifte, Kreide, Papier, Blöcke, Radierer (auch für Teilnehmer) etc.

☐ Technikprüfung der Medien und der technischen Einrichtungen

- ■ Rednerpult: Ist es höhenverstellbar und wie funktioniert es? Hat es ausreichende Ablagefläche für benötigte Unterlagen? Hat es eine gute Beleuchtung?

- ■ Overheadprojektor/Beamer: Wie funktioniert er und funktioniert er überhaupt? Ist der Projektionstisch höhenverstellbar und wie funktioniert er? Sind Anschluss- oder Verlängerungskabel vorhanden und lang genug? Ist er lichtstark genug?

- ■ Whiteboard: Ist es gereinigt? Liegen die speziellen Stifte und Reinigungsutensilien dafür bereit?

- ■ Flipchart: Ist es standfest? Ist genügend Papier vorhanden und wie lässt es sich am Flipchart aufhängen?

- ■ Pinnwand: Ist sie standfest und kippsicher? Sind Papier, Kärtchen, Nadeln, Klebestifte vorhanden?

Präsentationsort

☐ Ist er leicht zu finden? (Anreiseplan!)

☐ Ist er leicht zu erreichen? Keine langen oder komplizierten Anmarschwege?

☐ Sind Parkplätze vorhanden?

☐ Vertraute Umgebung, um „Schwellenangst" zu nehmen, oder besser fern vom Arbeitsalltag – in ungewohnter, vielleicht sogar ungewöhnlicher und entspannter Umgebung?

☐ Sind genügend zusätzliche Räume verfügbar, wenn zur Meinungsbildung oder Ideenfindung in kleinen Gruppen gearbeitet werden soll?

☐ Wird gerade renoviert und ist deshalb mit störendem Baulärm zu rechnen?

☐ Ist ein Pausenraum verfügbar?

☐ Gibt es eine Nichtraucher-, resp. Raucherzone in den Pausen?

☐ Ist eine Bewirtung erwünscht und möglich? Wie ist sie zu organisieren? (Sympathiefeld)

☐ Wie und wo sollen die Teilnehmer Nachrichten erhalten? (z.B. Nachrichtenbrett, Telefon, innerhalb oder außerhalb des Raums)

☐ Stehen sanitäre Einrichtungen zur Verfügung?

Präsentationsraum

- ☐ Sind Raumgröße und Sitzgelegenheiten der Teilnehmerzahl angemessen?

  Ist der Raum zu groß, muss der Präsentierende seine Stimme unnötig strapazieren. „Gebrüllte" Argumente sind wenig überzeugend! Ist der Raum zu klein, sitzen die Teilnehmer zu gedrängt und fühlen sich ggf. unbehaglich und reagieren deshalb vielleicht ungehalten.

- ☐ Wie bequem ist die Bestuhlung?

- ☐ Sind Raumtiefe und -breite angemessen? Sehr tiefe Räume erschweren den „Hinterbänklern", sehr breite Räume den „Außenseitern" das Hören und Sehen und fördern so „geistiges Wegtreten".

- ☐ Ist ausreichend Platz vorhanden für die eingeplanten Medien?

- ☐ Haben alle Sicht auf die eingeplanten Medien und den Vortragenden?

- ☐ Hat der Raum genug Tageslicht? Stört der Sonneneinfall?

- ☐ Heizt der Raum bei Sonnenlicht auf oder kühlt er ab? Ist er stickig? Wie ist die Klimatisierung?

- ☐ Gibt es genug Steckdosen?

- ☐ Ist der Raum zu reservieren, und wenn ja, ist dies geschehen und wurde die Reservierung bestätigt? Der Raum sollte kurz vor der Präsentation zur Sicherheit nochmals überprüft werden.

Präsentationszeitpunkt

- ☐ Fällt der Zeitpunkt mit anderen wichtigen Terminen zusammen? (Ferien, Sitzungen, aber auch Fußballspiel etc.)

- ☐ Welcher Wochentag ist günstig? Welcher steht absolut nicht zur Verfügung?

- ☐ Welche Tageszeit ist günstig? Wann stehen die Teilnehmer absolut nicht zur Verfügung? Zudem sollte der menschliche Tagesrhythmus, „Morgenmuffligkeit" und Mittagsmüdigkeit, berücksichtigt werden.

- ☐ Muss den Teilnehmern eine angemessene Zeit zur Vorbereitung auf die Veranstaltung eingeräumt werden? Wenn ja, wie viel?

- ☐ Haben die Teilnehmer den Wunsch, vor und nach der Präsentation ihren Arbeitsplatz aufzusuchen?

- ☐ Wurde der Termin mit den Adressaten abgestimmt? Wurde die Zustimmung bestätigt?

Teilnehmereinladung

☐ Wie früh muss eingeladen werden? Was gilt als eine rechtzeitige Einladung?

☐ Wie soll die Einladung ausgesprochen werden – persönlich, telefonisch oder schriftlich per Brief oder E-Mail?

☐ Wie und bis wann soll die Einladung bestätigt werden?

☐ Was ist, wenn einzelne Adressaten verhindert sind und nicht an der Präsentation teilnehmen können? Sind Stellvertreter zu benennen?

☐ Was ist Inhalt der Einladung?

- Anlass, Ziel, Themen – kurz und knapp in Stichworten beschrieben, nicht nur pauschal genannt
- Zeitpunkt – die Angabe des Wochentags neben Datum und Uhrzeit erspart dem Adressaten das lästige Nachschlagen im Kalender
- Zeitdauer
- Ort und Raum – am besten mit Wegbeschreibung und Hinweisen zu Parkmöglichkeiten
- Veranstalter und Beteiligte (Präsentatoren, Adressaten)
- Geplanter Ablauf (Vortrag, Diskussion, Pausen)
- Hinweis auf mitzubringende Unterlagen

☐ Soll ein Erinnerungsschreiben/-E-mail kurz vor der Präsentation verschickt werden, und wenn ja, wann soll es spätestens versandt werden?

5.2 Peters Präsentationsunterlagen (Auszug)

Thema der Präsentation: „Organisation des Bereichs Hochbau"

Ziele, Adressaten

- Zielträger sind
  - Verwaltungsleitung
  - Bereichsmitarbeiter
  - Extern Beteiligte (Architekten, Bauherren u.ä.)

Adressatenanalyse (Beispiel)

Name Adressat:	*Alfred Steinmüller*
Einstellung zum/zur	
■ Thema	*skeptisch*
■ Person (Präsentator)	*bisher offen und kommunikativ*
■ Firma	*seit 25 Jahren loyal*

**Vorwissen, Hintergrund, Interessen, Ziele, Befürchtungen
(beruflich/ und persönlich)**

*Herr Steinmüller ist direkt betroffen von eventuell anstehenden Umstruktu-
rierungen. Außerdem hat er negative Erfahrungen mit externen Beratern
gemacht und überträgt diese jetzt auch auf interne Organisatoren.
Er ist während der Projektlaufzeit trotzdem stets ein loyaler und höflicher
Gesprächspartner geblieben. Ihm wurde eine offene und aktuelle Information zugesagt.*

Mögliche Fragen und Einwände

*Seine Einwände, die argumentativ nachvollziehbar sind, betreffen die Art
der bisherigen Führung in diesem Bereich. Er beklagt insbesondere konkret
die Information (Art, Umfang, Zeitpunkt) über dieses Projekt.*

Sonstiges

*Es steht eine Neubesetzung einer Gruppenleiter-Stelle im Haus an. Es wird
gemunkelt, dass Herr Steinmüller sich insgeheim Chancen ausrechnet. Ihm
fehle nur etwas Durchsetzungskraft. Um sich profilieren zu können und
damit den Bedenkenträgern den Wind aus den Segeln zu nehmen, ist
durchaus einzukalkulieren, dass er die anstehende Präsentation dazu nutzt.*

Peters Drehbuch

Inhalt	Regiehinweise [1]	Zeit in min
1. Einleitung		
Begrüßung	BE 1	0,5
Anlass und Ziel	BE 2	0,5
Ablauf/Überblick		1,0
Präsentatoren vorstellen		0,5
Hinweis zu Dauer, Pausen und Spielregeln (Agenda)	FC vorbereitet	0,5
2. Hauptteil		
Themenblock: Untersuchungsmethode (Erhebung)	BE 3 + 4	2,0
Themenblock: Prozessmodell, Entwicklungen (Analyse)	BE 5, 6 + 7	3,0
Themenblock: Lösungsvarianten/Empfehlungen	BE 8	5,0
Themenblock: Bewertung der Ergebnisse (positive Folgen)	BE 9	5,0
3. Schlussteil		
Zusammenfassung, weiteres Vorgehen, Verabschiedung		2,0
Gesamtzeit		**20,0**

[1] BT = Beteiligungstechnik / BE = Beamerbild / FC = Flipchart / PW = Pinnwand

Inhalte

Begrüßung

Positiver Beginn mit Bild der Stadt am Meer; dadurch Hinweis auf reges Interesse auswärtiger Besucher an Wohneigentum; Ausschnitt aus Tageszeitung vom Morgen am Tag der Präsentation zitieren und damit neue, aber auch interessante Aufgaben für den Bereich Hochbau ansprechen.

Ablauf/Überblick

Struktur des Hauptteils

Gliederungspunkt	Frage	Überschrift
Thema	Warum haben wir diese Sitzung anberaumt?	Unsere Stadt befindet sich im Umbruch – verpassen wir nicht den Anschluss!
Ausgangslage/ IST-Situation	Wie sieht die Ausgangslage im Bereich Hochbau konkret aus?	- Zusätzliche Aufgaben - Spezielle Themen - Höheres Anspruchsdenken
Negative Folgen	Was geschieht, wenn nichts unternommen wird?	Abwanderung bzw. Nicht-Zuzug attraktiver Zielgruppen
Zielbeschreibung	Was soll erreicht werden? Welche Vision gibt es? Wohin „geht die Reise?"	Die Stadt soll insgesamt anziehend wirken und neue Zielgruppen ansprechen.
Vorschlag	Wie sehen die konkreten Lösungsschritte aus, um den gewünschten/ geforderten Zustand dauerhaft zu erreichen?	- Spezialisierung der Mitarbeiter - Trennung des Bereichs - Umorganisation des Stabs
Positive Folgen	Welche Vorteile ergeben sich daraus für uns?	- Konzentration der Fachkompetenzen - Klare Verantwortlichkeiten - Transparenz der Verwaltung
Nächster Schritt	Was muss als nächstes geschehen?	Entscheidung zustimmen und Hauptstudie beauftragen
Schlussbotschaft	Was ist das Fazit? Wie lange können wir uns den jetzigen Zustand noch leisten?	Chancen wahrnehmen und zur Metropole im Gebiet aufsteigen.

Themenblock: Untersuchungsmethode (Erhebung)

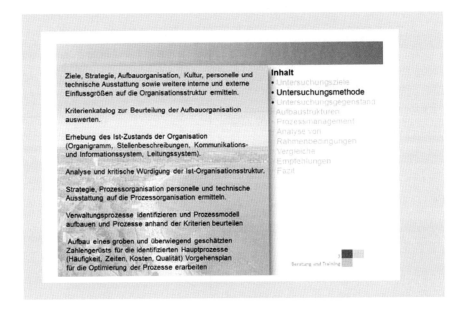

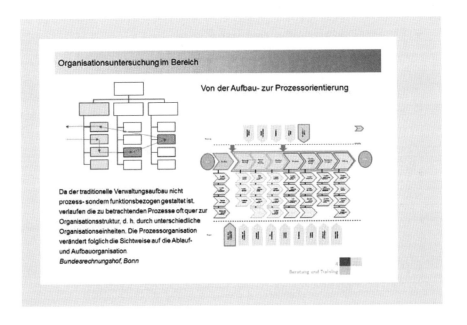

Themenblock: Bewertung der Ergebnisse (positive Folgen)

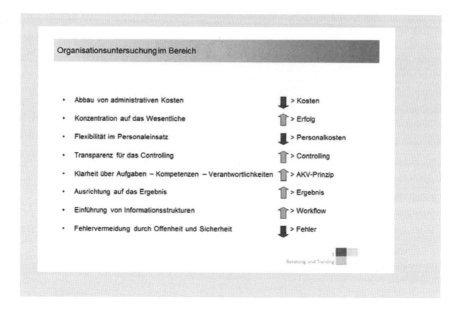

Der Schluss der Präsentation

■ Zusammenfassung der wichtigsten Punkte
- Augenblickliche Struktur nicht zukunftsfähig
- Änderungen zielgerichtet sind möglich
- Lösung pragmatisch und kostenneutral
- Akzeptanz bei den Mitarbeitern
- Umsetzung ohne großen Widerstand wahrscheinlich

■ Weiteres Vorgehen
- Der Lösung bewusst zustimmen und damit betroffenen
  Mitarbeitern Planungssicherheit geben
- Hauptstudie in Auftrag geben

■ Verabschiedung und Dank
- Beachte: Vorstandsmitglied Meier hat heute Geburtstag
- Anschl. etliche Mitarbeiter in der Urlaubszeit
- Fußballfreunde freuen sich auf das Finale heute Abend.

Nachbereitung

Positive Elemente: Farbe, Abbildungsinhalt, leicht erfassbarer Text
———► Gelungene Visualisierung

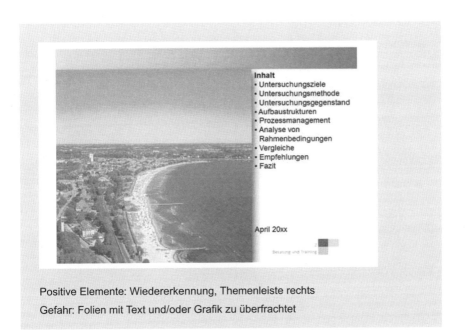

Positive Elemente: Wiedererkennung, Themenleiste rechts
Gefahr: Folien mit Text und/oder Grafik zu überfrachtet

Schlechte Foliengestaltung:

Besser wäre es gewesen, sich auf Stichworte zu beschränken:

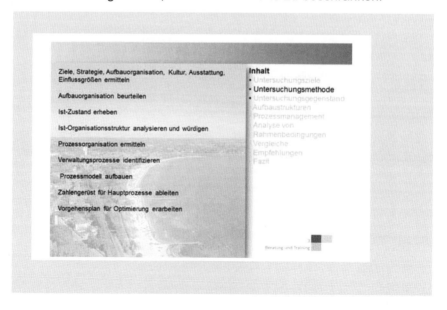

Hier wären zwei Folien deutlich besser gewesen!

Die restlichen Folien waren gut gelungen.

Medieneinsatz

- Agenda auf Flipchart blieb während der Präsentation sichtbar für alle Beteiligten und gab somit Orientierung
- Inhalte per Beamer und mit Unterstützung der Orientierungsleiste auf Folie 2.

Raum, Zeit und Umfang

Orientierung an den Checklisten war hilfreich

Präsentator

Angewohnheit, die Hände in die Hosentasche zu stecken, muss noch abgebaut werden. Gefahr, in der Tasche z.B. Kleingeld zu finden und damit rumzu klimpern recht hoch. Das schwarze Jackett anzuziehen, gab der Veranstaltung zu viel „Würde". Es sollte ja noch gearbeitet werden. Offene und humorvolle Art kam augenscheinlich gut an. Intensive Beschäftigung mit dem Thema führte erstmals zu beherrschbarem Lampenfieber. So gewinne ich Selbstvertrauen und Sicherheit. Zukünftig nach noch mehr Trainingsmöglichkeiten suchen und möglichst wahrnehmen.

Fazit

Die Orientierung am Präsentationswürfel vermied Fehler in der Vorbereitung und gab Sicherheit und Hilfestellung für die Durchführung und Nachbereitung.

Epilog 2

„...nach dem Spiel ist vor dem Spiel"

Sepp Herberger, von dem dieses Zitat stammt, war eher bescheiden, wenig laut und zurückhaltend. Dennoch erzielte er mit seiner Mannschaft gegen schein-bar übermächtige Gegner den bis dahin größten Erfolg einer deutschen Fußball-Nationalmannschaft. Ich bin nicht so vermessen zu glauben, dass ich bei meiner gestrigen Präsentation ebenso souverän aufgetreten bin wie diese Trainerlegende. Und doch, was wahr ist muss auch wahr bleiben: Es lief her-vorragend!

Gedankenverloren spielte ich mit dem Würfel in meinen Händen. Jetzt hier am Schreibtisch lief die vergangene Präsentation wie ein Film noch einmal vor meinem geistigen Auge ab. Mein ganz persönliches Fazit: Alles hatte wunder-bar geklappt.

Meine Präsentation war auch mit der Perspektive der Zuhörer (Adressaten) konzipiert worden, weshalb sie sich angesprochen gefühlt hatten. Die Inhalts-auswahl, Strukturierung, Visualisierung und auch der Medieneinsatz war gut gelungen und in der Durchführung hatte ich eine ganz ordentliche Figur gemacht, wie mir meine Kollegen nach der Präsentation versicherten.

Das alles hatte ich Melissa zu verdanken – und meinem persönlichen Motto: „Man muss nicht nur wollen, sondern auch tun."

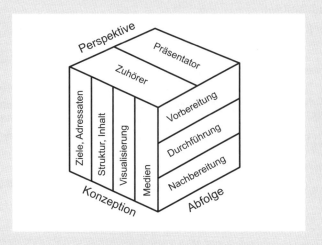

Literaturverzeichnis

Bingel, Claudia: Visualisieren. Freiburg 2010

Bruno, Tiziana; Adamcyk, Gregor: Körpersprache. Freiburg 2011

Graebig, Markus; Jennerich-Wünsche, Anja; Engel, Ernst: Wie aus Ideen Präsentationen werden: Planung, Plot und Technik für professionelles Chart-Design mit PowerPoint. Wiesbaden 2011

Hartmann, Martin; Funk, Rüdiger; Nietmann, Horst: Präsentieren. Präsentationen: zielgerichtet und adressatenorientiert. Weinheim und Basel 2012

Hierhold, Emil: Sicher präsentieren – wirksamer vortragen. Heidelberg 2005

Holzheu, Harry: Aktiv zuhören – besser verkaufen, Landsberg am Lech 2000

Molcho, Samy: Körpersprache, München 1996

Molcho, Samy: Körpersprache des Erfolgs. München 2005

Nöllke, Claudia: Präsentieren. Planegg/München 2009

Schmidt, Götz: Organisation und Business Analysis – Methoden und Techniken. 14. Aufl., Gießen 2009

Seifert, Josef W.: Visualisieren – Präsentieren – Moderieren. Offenbach 2011

Story, Joachim: Visualisieren. Berlin 1997

Thiele, Albert: Die Kunst zu überzeugen. Berlin, Heidelberg 2006

Zelazny, Gene: Das Präsentationsbuch. Frankfurt a.M. 2009

Zelazny, Gene: Wie aus Zahlen Bilder werden. Wiesbaden 2003

Zielke, Wolfgang: Sprechen ohne Worte. Bindlach 1999

Kurzportrait der Autoren

Walter Paulsen

Jahrgang 1952, Industriekaufmann und staatlich geprüfter Betriebswirt.

Seit 1987 im Rahmen seiner Tätigkeit als Trainer und Berater in mehr als 180 Projekten und in ca. 500 Veranstaltungen mit insgesamt ca. 8.000 Teilnehmern aktiv. Viele hundert Präsentationen selbst durchgeführt und an vielen teilgenommen. Langjährig mit seiner Zielgruppe, der Öffentlichen Verwaltung verbunden, kennt er die Unterschiede aber auch die Parallelen der individuellen Verwaltungskulturen. Wie wird bei Bundes- oder Landeseinrichtungen präsentiert? Welche Unterschiede bestehen zwischen der öffentlichen Verwaltung und der Industrie, dem Handel oder Finanzdienstleistern? Wie laufen Präsentationen auf den gegebenen Hierarchie-Ebenen in einer Verwaltung ab? Gibt es Gemeinsamkeiten und gibt es Differenzierungen? Wie reagiert ein Staatssekretär und wie der Gruppenleiter oder Sachbearbeiter auf Informationen in Präsentationen? Antworten kommen beim Autor immer aus der selbst erlebten Praxis.

Themenschwerpunkte seiner Tätigkeit sind das Projektmanagement, die Prozessoptimierung und das Controlling/Qualitätsmanagement. Zur erfolgreichen Tätigkeit als Berater in o.g. Themen gehört neben den wertvollen Erfahrungen aus der Praxis eine fundierte theoretische Grundlage. Diese erwarb er sich während seiner Tätigkeit bei verschiedenen Beratungsunternehmen, in den letzten 25 Jahren bei der ibo Beratung und Training GmbH, bei der er mehrere Jahre die Bereichsleitung „Institutionen" inne hatte. Seit 2006 ist er mit diesem Bereich in die Selbständigkeit gewechselt.

Dr. Norman Ciezki

Jahrgang 1964, Doktor der Philosophie und Diplom-Politologe. Von 1993 bis 1998 Wissenschaftlicher Mitarbeiter und Lehrbeauftragter an der Philipps-Universität Marburg. Seit 1999 bei der ibo Beratung und Training GmbH angestellt. Trainer, Produktmanager und Key Account Manager (IT-Branche). Vielfältige Erfahrung in Beratungs-, Forschungs- und Organisationsprojekten. Stellvertretender Vorstandsvorsitzender der „Aktion – Perspektiven für junge Menschen und Familien e.V.".

Themenschwerpunkte seiner beruflichen Tätigkeit in den Bereichen Beratung und Training sind Präsentationstechniken, Projekt- und Prozessmanagement, E-Learning und Blended Learning sowie Seminare zur Prüfungsvorbereitung z.B. für die Eidgenössischen Organisatorenprüfungen und Internationale Projektmanagement-Zertifizierungen.